JN126025

新・教職課程演習　　第4巻

教育法規・教育制度・教育経営

筑波大学人間系教授　　藤井　穂高
広島大学大学院准教授　滝沢　潤　　　編著

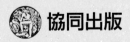
協同出版

刊行の趣旨

　教育は未来を創造する子どもたちを育む重要な営みである。それゆえ，いつの時代においても高い資質・能力を備えた教師を養成することが要請される。本『新・教職課程演習』全22巻は，こうした要請に応えることを目的として，主として教職課程受講者のために編集された演習シリーズである。

　本シリーズは，明治時代から我が国の教員養成の中核を担ってきた旧東京高等師範学校及び旧東京文理科大学の伝統を受け継ぐ筑波大学大学院人間総合科学研究科及び大学院教育研究科と，旧広島高等師範学校及び旧広島文理科大学の伝統を受け継ぐ広島大学大学院人間社会科学研究科（旧大学院教育学研究科）に所属する教員が連携して出版するものである。このような歴史と伝統を有し，教員養成に関する教育研究をリードする両大学の教員が連携協力して，我が国の教員養成の質向上を図るための教職課程の書籍を刊行するのは，歴史上初の試みである。

　本シリーズは，基礎的科目9巻，教科教育法12巻，教育実習・教職実践演習1巻の全22巻で構成されている。各巻の執筆に当たっては，学部の教職課程受講者のレポート作成や学期末試験の参考になる内容，そして教職大学院や教育系大学院の受験準備に役立つ内容，及び大学で受講する授業と学校現場での指導とのギャップを架橋する内容を目指すこととした。そのため，両大学の監修者2名と副監修者4名が，各巻の編者として各大学から原則として1名ずつ依頼し，編者が各巻のテーマに最も適任の方に執筆を依頼した。そして，各巻で具体的な質問項目（Q）を設定し，それに対する解答（A）を与えるという演習形式で執筆していただいた。いずれの巻のどのQ&Aもわかりやすく読み応えのあるものとなっている。本演習書のスタイルは，旧『講座教職課程演習』（協同出版）を踏襲するものである。

　本演習書の刊行は，顧問の野上智行先生（広島大学監事，元神戸大学長），アドバイザーの大髙泉先生（筑波大学名誉教授，常磐大学大学院人間科学研究科長）と髙橋超先生（広島大学名誉教授，比治山学園理事），並びに副監修者の筑波大学人間系教授の浜田博文先生と井田仁康先生，広島大学大学院教授の深澤広明先生と棚橋健治先生のご理解とご支援による賜物である。また，協同出版株式会社の小貫輝雄社長には，この連携出版を強力に後押しし，辛抱強く見守っていただいた。厚くお礼申し上げたい。

2021年2月

監修者　筑波大学人間系教授　清水　美憲

広島大学大学院教授　小山　正孝

序文

　本書『教育法規・教育制度・教育経営』は『新・教職課程演習』の第4巻に
当たる。読者にとって，この「教育法規・教育制度・教育経営」は，なじみの
ない領域と映るかもしれない。高校生にとっての校長先生のように。そこで
最初に，この領域が教職を目指すものにとって（あるいは，教育という事象
に関心をもち研究を志すものにとって）どのような意義があるのか，あるい
は，役に立つのかを述べておきたい。

　まず，この領域は役に立つのか，という疑問に答えてみよう。皆さんが車
でどこかに出かけようとする場合，運転免許が必要である。同じように，教
員になるためには，教員免許が必要になる。免許を持っていない教員に教わ
るのは，免許を持っていない人が運転する車に乗るのと同じことである。運
転免許を取るには，交通の規則を学ばなければならない。これが教員の場合
は，本書の「教育法規」に当たるものである。教員になりたい→免許が必要
→教育法規の勉強が不可欠。以上が，皆さんにとって本書が役に立つ理由で
ある。

　教育法規を学ぶことは，教員になってから，「自分の身を守る」ことにも
なる。公立の学校に勤める教員は公務員である。公務員には特有の義務が課
せられる。「信用失墜行為の禁止」もその1つである。これは，勤務時間外
にも適用される。勤務時間外であれば，プライベートな時間であり，なにや
らいかがわしいことをしても許されると理解していたら，職を追われること
にもなりかねない。

　また，教員免許は，「教員免許制度」と言われるように，「教育制度」の1
つである。「制度」は学校の中の様々なところにある。たとえば，中学生に
とって，教科書は無償で配布されるものである。クラスのすべての子どもた

1

ちにはただで同じ教科書が配布される。その背景には，教科書の無償制，広域採択といった制度があり，「義務教育諸学校の教科用図書の無償措置に関する法律」といったその根拠となる法規がある。一方，学校給食は中学生の楽しみの１つであるが，給食はすべてのものにただで，ということにはなっていない。学校給食法は，義務教育諸学校の設置者（市町村等）に対して「学校給食が実施されるように努めなければならない」と定めている。これはいわゆる「努力義務」であり，「実施しなければならない」という義務ではないからである。というように，教育法規に定められた教育制度によって子どもたちの学びの場は支えられているのである。

　さらに，この点は教員にならないとわかりにくいかもしれないが，教員は一人で教育活動を行っているのではなく，組織の一員として動いている。中学校の時に，学年の先生方が学校行事につけ，生徒指導につけ，学年として動いていたことを思い出してほしい。ここに「教育経営」が機能している。学校というのは，そもそも，計画的に教育課程を編成し，組織的に教育活動を行うものである。その活動を下支えし，調整し，リードしているのが「経営」である。

　本書では，こうした意義のある「教育法規・教育制度・教育経営」を「教育の法と制度の基本」，「学校制度」，「教育内容行政」，「教職員」，「学校の経営管理」，「教育行財政」，「社会教育・生涯学習」の７章構成に分け，全部で62の項目を盛り込んでいる。これにより，この領域の基本的事項を網羅するとともに，最新の教育課題にも対応した形をとっている。こうした項目は，教職を目指すもののみならず，教育という事象に関心をもち研究を志すものにとっても，その知識・理解の基礎を形成するものとなるはずである。

　本書の各章の執筆にあたっては，ベテランから若手までその専門の方々にご担当頂いた。また，本書の作成にあたっては協同出版株式会社小貫輝雄社長に大変お世話になった。記して感謝の意を表したい。

　2021年2月

編者　藤井穂高・滝沢　潤

目次

第3章　教育内容行政

第4章　教職員

第 7 章　社会教育・生涯学習

第1章　教育の法と制度の基本

‖Q 1　日本国憲法の教育条項について述べなさい

1．日本国憲法制定の背景

　1889（明治22）年に公布・施行された大日本帝国憲法は，実質的な意味における日本最初の憲法である。同憲法は，いわば日本型の立憲君主制を採用し，権力分立とともに臣民の権利を認めるなど，時代的社会的背景を考慮すれば一定の先進性を持っていた。しかし，この憲法には直接教育を規定する条文は設けられず，天皇が発する「臣民ノ幸福ヲ増進スル為ニ必要ナル命令」（第9条）に教育へのそれが含まれているとされた。これは教育立法の勅令主義とよばれ，戦前における教育行政の根幹をなす。

　1945（昭和20）年の敗戦を契機として日本の国政全般は連合国軍最高指令官総司令部（GHQ）の占領下に置かれた。GHQの指示を受けて同年10月に開始された大日本帝国憲法の改正は，曲折を経て1946年11月3日の日本国憲法の公布，および，翌1947年5月3日の同憲法施行というかたちで結実する。国民主権，基本的人権の尊重，平和主義を基礎原理とする日本国憲法において，教育は憲法の理念および規定に基づきつつ法律によって定められることとなった。教育立法の勅令主義から法律主義への転換である。

2．日本国憲法の教育関連条項

　日本国憲法は，前文および103の条文から構成される。このうち，「教育」という文言は，いわゆる教育条項である第26条のほか，政教分離を定める第20条3項，議員および選挙人の資格を定める第44条，公の財産の用途制限を定める第89条に見られる。

　さらに，同憲法第3章の「国民の権利及び義務」には，第26条のほかにも直接間接に教育と強い連関をもつ条文があり，その後の教育関係立法の基礎となっている。具体的には，第26条のほか，個人の尊重と公共の福祉を定める第13条（校則と子どもの自己決定権，学校等における個人情報の保護

などと関わる。以下，同様とする），平等原則，貴族制度の否認および栄典の限界を定める第14条（国公立学校における男女別学など），思想および良心の自由を定める第19条（国公立学校における国旗・国歌の指導など），信教の自由を定める第20条（国公立学校における宗教事物の取り扱い，教育課程と信仰の不一致など），集会，結社および表現の自由と通信秘密の保護を定める第21条（教科書検定制度の妥当性など），居住，移転，職業選択，外国移住および国籍離脱の自由を定める第22条（職業の自由と教職など），学問の自由を定める第23条（研究の自由，研究発表の自由，教授の自由，大学の自治，学習指導要領の法的拘束力など），生存権および国民生活の社会的進歩向上に努める国の義務を定める第25条（生存権と教育の保障など），勤労の権利と義務，勤労条件の基準および児童酷使の禁止を定める第27条（就学と児童労働など），財産権を定める第29条（教員による子どもの持ち物の検査や没収など）といった条文が第3章における教育関連の主たるそれである。また，第3章以外では，第89条が私学助成の合憲性などをめぐり今日でもしばしば議論の俎上に載せられる。

3．日本国憲法第 26 条をめぐる諸論点

　先述したように，大日本帝国憲法において教育を直接規定する条文は存在せず，また，臣民の諸権利はあくまで法律の範囲内において保障されていた。それに対して，日本国憲法は，すべての人間が生まれながらにして有する基本的人権を国民に保障することを明文化し，国民の教育を受ける権利を国民の基本的人権の一つとして掲げた。すなわち，憲法第26条である。

　同条は，まず「すべて国民は，法律の定めるところにより，その能力に応じて，ひとしく教育を受ける権利を有する」と国民の教育を受ける権利を謳い，同条第2項で「すべて国民は，法律の定めるところにより，その保護する子女に普通教育を受けさせる義務を負ふ。義務教育は，これを無償とする」と国民の教育を受けさせる義務などを規定する。両条項は，教育という営みの多義性多様性から，また，教育をめぐる時代的社会的変化にともない多くの論点をはらむ。

例えば，同条第1項の「教育を受ける権利」について，文部省は日本国憲法施行直後に請求権の一つと明示したこともある。今日では，以下の学説の発展を経て，「教育を受ける権利」には，私人が自己の価値観に基づいて教育を与える／受けるという自由権的な側面と，当該権利を遂行するにあたり国家にその積極的保障を要求する社会権的側面があると考えられている。

　「教育を受ける権利」の意義づけについては，生存権説，公民権説，学習権説の三説が挙げられる。

　生存権説は，「教育を受ける権利」を憲法第25条が定める生存権の文化的側面をなすものとする。ただし，この立場からしても，憲法第26条第1項を国家の立法の指針や政治的道義的責任を宣言したもの（プログラム規定）とするか，国家に対して教育の機会均等を図るための経済的条件整備を要求する国民の法的権利を定めたものととらえるか見解は分かれる。

　公民権説は，「教育を受ける権利」について，民主主義社会を維持発展させるため，主権者たる国民をいわば「平和で民主的な国家及び社会の形成者」（教育基本法第1条）として育成することを保障する権利とする。

　学習権説は，学習者の主体性・自発性・能動性の側面から「教育を受ける権利」をとらえる。この説については，憲法第26条の規定の背後に，「一個の人間として，また，一市民として，成長，発育し，自己の人格を完成，実現させるために必要な学習をする権利を有する」ことを認め，特に，「自ら学習することができない」子どもが，その学習要求を充足するための教育を自己に施すことを大人一般に対して要求する権利を有する」としたいわゆる旭川学力テスト事件をめぐる最高裁判所判決がしばしば言及される（最大判1976.5.21）。なお，学習権説から，憲法第26条を単にプログラム規定ではなく，国民の抽象的権利ないし具体的権利の規定ととらえる立場もある。

　憲法第26条第2項における「普通教育を受けさせる義務」について，国民が保護する子女（以下，子どもとする）の「教育を受ける権利」を一義的に保障する義務を負うことに議論の余地はない。ただし，義務遂行の形態については，学校教育法第17条や第144条を根拠に，保護者の就学義務と同義であると見なされる傾向があった。しかし，保護者の教育の自由・子どもの学

習の自由の立場から，「教育を受ける権利」の実質的保障の観点から，あるいは，不登校の子どもが増加する実情などから，一条校への就学ではなく，家庭教育やフリースクール等民間団体による教育を通じて「普通教育を受けさせる義務」の履行とする見解が支持を集めつつある。教育行政の側も，1992（平成4）年に「一定の条件下」で「登校拒否児童生徒が学校外の施設において相談・指導を受け」た場合に出席扱いと見なし得ることを通知して以後（文初中330），就学義務の緩和措置について複数回示してきた。こうした動向は，2016（平成28）年「義務教育の段階における普通教育に相当する教育の機会の確保等に関する法律」の施行をもって部分的に法制化した。同法は，不登校の子どもの教育機会確保を支援する趣旨で，ただちに一条校への就学を前提とした従来の義務教育観を転換するものではない。しかし，同法が「学校以外の場において行う多様で適切な学習活動の重要性」を明文化したことには義務教育制度上の意義がある。

　憲法第26条第2項における「義務教育の無償」については，大別して無償の範囲が法律により規定されるとする説（プログラム規定説），授業料の無徴収であるとする説（授業料無償説），修学費全体におよぶとする説（修学必需費無償説）に大別される。このうち，最高裁判所は授業料無償説を取っている（最高裁判所大法廷判決，1964年2月26日「教科書無償事件」）。

　憲法第26条については，上記のほか，「能力に応じて」「ひとしく」の意味，条項の主語が「日本国民」であることの意味などが論点になり得る。

参考文献

堀尾輝久（1971）『現代教育の思想と構造』岩波書店。
文部省（1947）『新しい憲法のはなし』実業教科書株式会社。
文部省（1972）『学制百年史』帝国地方行政学会。

（中村　裕）

Q2　教育基本法の性格と構成について述べなさい

1.　大日本帝国憲法下の教育勅語体制

　1889（明治22）年に公布・施行された大日本帝国憲法は，近代国家としての日本の法的政治的側面の基礎をなす。他方で，国民道徳の面から国家建設の支柱として位置づけられるのが「教育ニ関スル勅語」（教育勅語）である。

　本文315字からなる教育勅語は，明治維新後のいわゆる「徳育の混乱」状況に対して，国民道徳および国民教育の基本とされるべく起草され，以後国家の精神的支柱として重大な役割を果たすこととなった。例えば，1891（明治24）年の小学校教則大綱では，教科「修身」について「修身ハ教育ニ関スル勅語ノ旨趣ニ基キ児童ノ良心ヲ啓培シテ其徳性ヲ涵養シ人道実践ノ方法ヲ授クルヲ以テ要旨トス」と定め（第2条），教育勅語の趣旨の徹底が図られた。また，同年の「小学校祝日大祭日儀式規程」は，紀元節・天長節などの祝日・大祭日には儀式を行ない，その際には教育勅語を奉読し，さらに勅語に基づいて訓示をなすべきことを定めている。戦時下においては，1941（昭和16）年に出された国民学校令で「国民学校ハ皇国ノ道ニ則リテ初等普通教育ヲ施シ国民ノ基礎的錬成ヲ為スヲ以テ目的トス」定められるなど（第1条），教育勅語は学校教育を戦時動員体制に組み込む手段として用いられた。

2.　教育基本法体制の制定とその準憲法的性格

　1945年の敗戦後，曲折を経て1947（昭和22）年5月3日に日本国憲法が公布された。大日本帝国憲法は教育に関する独立条項を有していなかったが，新憲法は第3章「国民の権利及び義務」中の第26条において国民の基本的人権の一つとして「教育を受ける権利」を規定し，また，「保護する子女に普通教育を受けさせる義務」と義務教育の無償を明文化した。

　ただし，憲法第26条の規定は，「法律の定めるところにより」具体的に担

保されるもの，すなわち，憲法の理念および規定に基づきつつ国民の代表から構成される国会による教育立法を通じて具体化される権利および義務，そして原理とされた。教育立法の勅令主義から法律主義への転換である。

　この法律主義のもと制定された教育基本法は，憲法により教育のあり方の基本を定めることに代えて，日本の教育および教育制度全体を通じる基本理念と基本原理を宣明するべく制定されたものである。それ故に，同法は，他の一般法規とは異なり理念的倫理的傾向が強く，本則全11条のほか法律としては異例の前文を備えている。そして，以後制定される各種の教育関係法の理念と原則を規定するという位置づけから，教育基本法は教育関係法一般の上位に立つ基本法の性格，すなわち準憲法的性格を持っているとされた。いわゆる旭川学力テスト事件をめぐる最高裁判所判決も，教育基本法が「形式的には通常の法律規定として，これと矛盾する他の法律規定を無効にする効力をもつものではない」が，「一般に教育関係法令の解釈および運用については，法律自体に別段の規定がない限り，できるだけ教基法の規定及び同法の趣旨，目的に沿うように考慮が払われなければならない」と判示している（最大判1976.5.21）。

3.　教育基本法の改正

　教育基本法は，日本国憲法との密接な関係からある意味で戦後教育における「聖域」と見なされ，長く改正されることはなかった。しかし，2000年代に文部（科学）省以外を直接の源泉とする教育改革が加速するにともない，教育基本法の改正が教育政策上の具体提言として明示されるようになる。

　例えば，2000（平成12）年に内閣総理大臣の私的諮問機関として設置された「教育改革国民会議」は，教育施策を総合的に推進するための教育振興基本計画の策定などとともに教育基本法の見直しを提案した。これを受けた中央教育審議会答申が，2001年の諮問を経て2003年に公表された「新しい時代にふさわしい教育基本法と教育振興基本計画の在り方について」である。

本答申では，まず日本の教育が青少年の規範意識や道徳心，自律心の低下，いじめ，不登校，中途退学，学級崩壊，学ぶ意欲の低下，家庭や地域の教育力の低下など多くの課題を抱えているという認識が示された。この認識のもとで掲げられた21世紀における教育の目標が，①自己実現を目指す自立した人間の育成，②豊かな心と健やかな体を備えた人間の育成，③「知」の世紀をリードする創造性に富んだ人間の育成，④新しい「公共」を創造し21世紀の国家・社会の形成に主体的に参画する日本人の育成，⑤日本の伝統・文化を基盤として国際社会を生きる教養ある日本人の育成である。そして，当該目標達成のために，教育基本法等の教育関連法令の改正や，具体の施策を総合的，体系的に位置付ける教育振興基本計画の策定が強く求められた。

　こうした教育基本法改正の動きは，「与党教育基本法改正に関する協議会」による「教育基本法に盛り込むべき項目と内容について（最終報告）」（2006年4月）に集束する。政府は，同報告などを踏まえた教育基本法改正案を国会へ提出し，2006（平成18）年12月15日に改正教育基本法が成立した。1947（昭和22）年の旧教育基本法成立以来，最初の改正である。改正法は，2006年12月22日に公布施行された。

4. 新旧教育基本法の比較

　新旧教育基本法の差違には，おおむね以下の4点がある。すなわち，①前文や第2条において，公共の精神の尊重，豊かな人間性と創造性を備えた人間の育成，伝統の継承といった文言が追加されたこと，②「教育の目標」（第2条）が五号にわたり詳細かつ具体的に示されたこと，③生涯学習（第3条），障害者に対する教育上必要な支援（第4条第2項），義務教育として行われる普通教育の定義等（第5条第2および第3項），大学の目的等（第7条），私立学校の振興等（第8条），家庭教育の目的等（第10条），幼児期の教育の振興等（第11条），学校，家庭及び地域住民等の相互の連携協力（第13条），教育行政における国と地方公共団体の役割分担等（第16条第2，第3および第4項），教育振興基本計画の策定等（第17条）などに関する条文や規定が新設されたこと，④旧法第6条における教員規定が「研究と修養」「養成と

研修の充実」といった文言が加えられて独立したこと（第9条）などである。なお，男女共学を謳う旧法第5条は唯一廃止された条文である。

　上記のうち，③と④については，旧法成立後60年弱を経て変化した，生じた，認識されるようになった教育および教育制度全体を通じる基本理念と基本原理を補い改めて宣明したものである。①と②については，旧法改正過程において「愛国心」や「伝統の尊重」といった文言案が一定の批判を集めてきた。教育が私事性とともに公共性を併せ持つこと，また，教育基本法の解釈と運用が日本国憲法の理念および規定に基づきつつなされることを前提として，現行教育基本法の条項の内容や位置づけを問い直す作業には，講学上だけでなく現実的な意義がある。

　なお，教育関係法の理念と原則を規定する教育基本法の改正は，当然ながらただちに教育政策へ反映された。いわゆる教育三法の改正と，教育振興基本計画の策定である。

　前者は，教育基本法の改正，教育再生会議第一次報告，2007（平成19）年3月の中教審答申「教育基本法の改正を受けて緊急に必要とされる教育制度の改正について」を経て実行された，学校教育法，地教行法，教育職員免許法・教育公務員特例法の改正である（同年6月）。

　後者は，改正教育基本法第17条第1項を根拠に，政府による策定，報告，公表が義務づけられた。教育振興基本計画は，第1期（2008－2012年），第2期（2013～2017年）を経て，現在は第3期のそれ（2018－2022年）が，教育基本法に規定される教育の目的や目標を「教育の普遍的な使命」として掲げつつ進捗中である。

参考文献・URL

文部省（1972）『学制百年史』帝国地方行政学会。

文部科学省『令和元年度文部科学白書』〈http://www.mext.go.jp/b_menu/hakusho/html/monbu.htm〉2020年4月30日閲覧。

（中村　裕）

Q3 教育関連法の体系について述べなさい

1. 日本における一般法体系

　日本における法体系は，実定法を単純化するなら，日本国憲法を頂点とした段階構造をなしている。成文法としての国家法令には，上から憲法，法律，命令があり，地方公共団体の法令には条例と規則がある。国家法令には，さらに，人事院規則，会計検査院規則，議院規則，最高裁判所規則，外局規則などがある。また，国際法上の法形式である条約も日本国内での効力が認められる場合が多い。日本は基本的にこうした成文法を法源とする成文法主義をとるが，文書の形式を備えていない不文法も法源として補充的な役割を果たす。なお，告示，訓令，通達などは一般に法令とは見なされない。

　日本国憲法は，国の最高法規としてその統治機構および国民の基本的人権を規定する根本法である。そのため，憲法の条規に反する国のあらゆる法令などはすべて無効となる（憲法第98条第1項）。

　法律は，国会の議決を経て制定される法規範である。国民の代表者である国会議員により制定されることから，法律は憲法に次ぐ効力を持ち，国民の権利を制限し，あるいは，国民に義務を課すことができる。

　命令は，法律の規定を実際に運用する際に定められる法規範である。命令には，法律の規定を執行するために必要な細則を定める執行命令と，法律等の委任に基づいて発せられる委任命令がある。命令のうち，内閣が制定するものを政令，内閣総理大臣が制定するものを内閣府令，各省庁大臣が制定するものを省令とする。これら3つの命令は，法律の委任がなければ罰則を設け，義務を課し，（国民の）権利を制限する規定を設けることができない（憲法第73条第1項第6号但し書きほか）。なお，人事院規則，会計検査院規則，外局規則は「その他の命令」に含まれる。

　告示，訓令，通達について，まず，中央行政における告示は，各省大臣，各委員会および各庁の長官がその機関の所掌事務について公示する必要があ

る場合に発するものである（国家行政組織法第14条第1項）。同様に訓令と通達は，各省大臣等がその機関の所掌事務について命令または示達をするため所管の諸機関および職員に対して発するものである（国家行政組織法第14条第2項）。告示，訓令，通達は一般に法令とは見なされないため，これらに反しても罰則や制裁の対象となることはない。ただし，告示は個別の法規に根拠が置かれる場合には法令としての効力を発し得る。

　条例は，「法律の範囲内で」地方公共団体が定める法規範である（憲法第94条）。より狭義の条例とは，地方自治法が，「地域における事務及びその他の事務で法律又はこれに基づく政令により処理することとされるもの」（地方自治法第2条第2項）に関して，地方公共団体が「法令に違反しない限りにおいて」定める法規範である（第14条第1項）。同じく，規則とは，地方公共団体の長が「法令に違反しない限りにおいて」その権限に属する事務に関して定める法規範である（第15条第1項）。

　条約は，一般的に国家間または国家と国際機関の間において文書により締結され，国際法によって規律される国際的合意である。この合意には，協約，規約，憲章，協定，宣言，議定書などの名称が用いられることもある。日本では事前または事後に国会の承認を得て内閣が締結する（憲法第73条）。通説によれば，条約の効力は憲法と法律の中間に位置すると解される。

　こうした成文法相互の効力を支える基礎原則として，形式的効力（上位法）優先の原則，後法優先の原則，特別法優先の原則の3つが挙げられる。形式効力優先の原則とは，憲法を頂点とする法令の効力が法形式に一致することである。すなわち，上位法の効力は下位法のそれに優先し，上位法に反する下位法を制定することはできない。後法優先の原則とは，同一の法形式間では，時間的に後に制定された法令の効力が，前に制定された法令のそれに優先されることである。特別法優先の原則とは，同一の法形式間では，特定の人，特定の地域，特定の扱い方など法の適用範囲が限定されている特別法の効力が，適用範囲を一般的原則的に広く定める一般法のそれに優先されることである。なお，特別法優先の原則が後法優先の原則と抵触する場合は，前者が優先されると考えられている。

不文法の範囲や効力は必ずしも明確ではないが，一般には慣習法，判例法，条理が挙げられることが多い。

慣習法は，広くは法的確信をともなう社会慣習である。法の適用に関する通則法は，慣習の効力について，「公の秩序又は善良の風俗に反しない慣習は，法令の規定により認められたもの又は法令に規定されていない事項に関するものに限り，法律と同一の効力を有する」と定める（第3条）。

判例法は，裁判の先例から導かれる法規範，すなわち，裁判所の同種の判断の蓄積が法的確信を得るに至ったそれを指す。判例法主義を取る国では判例法は拘束力を持つ。成文法主義を取る日本では，最高裁判所の判決であっても大法廷で変更され得るため（例えば最大判1966.2.23を変更した最大判2008.9.10など），厳密には判例の拘束性は認められない。しかし，実際には上級審の判決は尊重されており，判例には事実上の拘束力が存在すると解されている。

条理は，端的には事物の道理・筋道を意味する。1875（明治8）年の太政官布告「裁判事務心得」の第3条は，「民事ノ裁判ニ成文ノ法律ナキモノハ習慣ニ依リ習慣ナキモノハ条理ヲ推考シテ裁判スヘシ」と規定する。これは，一般には「社会通念」，「公序良俗」，「信義誠実の原則」と表現される。

2. 日本における教育法体系

以上のような一般法体系にしたがって教育の法体系を明示することは，教育という営みの多義性多様性に鑑みれば明らかに容易ではない。Q1の通り，国の最高法規である日本国憲法においても，直接国民の教育を受ける権利や義務教育を定める第26条，学問の自由を謳う第23条のほか，第13条，第14条，第19条，第20条，第21条などが教育と直接間接に関わっている。

この日本国憲法と教育基本法，さらに，児童の権利に関する条約などを国内の教育に関する基本法規と理解するにしても，なお教育に関わる法令は膨大である。教育に関する成文の法律について内容から大まかに分類すれば以下のようになる。

①教育行政に関する法律には，国家行政組織法，文部科学省設置法，地方

自治法，地方教育行政の組織及び運営に関する法律などがある。②教育財政に関する法律には，義務教育費国庫負担法，市町村立学校職員給与負担法，義務教育諸学校等施設費国庫負担法などがある。③学校教育に関する法律には，学校教育法，国立大学法人法等の施行に伴う関係法律の整備等に関する法律，公立義務教育諸学校の学級編制及び教職員定数の標準に関する法律，教科書無償措置法などがある。④教育奨励に関する法律には，就学困難な児童及び生徒に係る就学奨励についての国の援助に関する法律，特別支援学校への就学奨励に関する法律などがある。⑤学校環境に関する法律には，学校保健安全法，学校給食法などがある。⑥私立学校に関する法律には，私立学校法，私立学校振興助成法，日本私立学校振興・共済事業団法などがある。⑦社会教育に関する法律には，社会教育法，図書館法，博物館法，生涯学習の振興のための施策の推進体制等の整備に関する法律などがある。⑧教育職員に関係する法律には，国家公務員法，地方公務員法，教育公務員特例法，教育職員免許法などがある。⑨その他教育に関する法律としては，児童福祉法，少年法，労働基準法などがある。

　こうした法律を受けた政令の代表的なものとしては，学校教育法施行令，教育公務員特例法施行令，社会教育法施行令などがある。また，同じく省令の代表的なものには，学校教育法施行規則，教育職員免許法施行規則，そして学校段階および学校種別ごとの設置基準などがある。

　地方自治体における教育関連法令の代表的なものには，条例として学校設置条例，学校職員給与・勤務条例，家庭教育支援条例，青少年保護育成条例などがあり，規則としては教育委員会規則（例えば学校管理規則や通学区域規則）などがある。

参考文献

兼子仁・磯崎辰五郎（1963）『教育法，衛生法』有斐閣。

教育制度研究会（2011）『要説教育制度（新訂第三版）』学術図書出版社。

（中村　裕）

Q4 子どもの権利条約について述べなさい

1. 子どもの人権と子どもの権利条約の制定までの経緯

子どもの権利条約（児童の権利に関する条約）は，1989（平成元）年に国連で採択され，翌年国際条約として発効した。わが国は1994（平成6）年4月22日に同条約を批准し，5月22日に発効した。

1948（昭和23）年12月10日，第3回の国連総会で「世界人権宣言」が採択され，さらにこの宣言の趣旨を体現すべく，1959（昭和34）年11月20日には「子どもの権利に関する宣言」が採択された。国連は1979（昭和54）年を国際児童年と定め，前年の1978（昭和53）年，ポーランドの提案で，国際児童年事業のひとつとして，宣言の条約化が提案され，国連人権委員会で検討が重ねられた。そして1985（昭和60）年11月20日の第44回国連総会において「子どもの権利条約」が採択されたのであった。条約の発効を記念して，1990（平成2）年には国連本部で子どもサミットが開催され，日本を含む71か国の代表が行動計画を採択した。

子どもの権利条約を補完するため，国連は，2000（平成12）年には「武力紛争における子どもの関与に関する選択議定書」と「子どもの売買，子ども買春および子どもポルノグラフィーに関する選択議定書」（2002（平成14）年発効）を，2011（平成23）年12月には「子どもの売買，子ども買春及び子どもポルノに関する子どもの権利に関する条約の選択議定書」（2014（平成26）年発効）を，それぞれ総会で採択した。

2. 子どもの権利条約の理念と内容

子どもの権利条約は，前文（条約の背景・趣旨・原則）と第1部（総則・個別的権利を含む実体規定第1条から第41条），第2部（条約の国際社会における実施措置第42条から第45条），第3部（発効・批准などの最終条項第46条から第54条）で構成されている。この条約は，子どもの人権を，教育，福

祉，医療，労働，司法，平和，家族，文化，遊びの各分野にわたり総合的に規定しており，子どもが成長・自立する上で必要な権利をほとんど網羅している。なお，条約において「児童」とは「18歳未満のすべての者」とされている（第1条）。

　子どもの権利条約は，以下の4つを一般原則としている。

　①生命，生存及び発達に対する権利

　「締約国は，すべての児童が生命に対する固有の権利を有することを認める。」「締約国は，児童の生存及び発達を可能な最大限の範囲において確保する。」（第6条）として，すべての子どもの生きる権利を保障し，もって生まれた能力を十分に伸ばして成長できるよう求めている。

　②子どもの最善の利益

　「児童に関するすべての措置をとるに当たっては，公的若しくは私的な社会福祉施設，裁判所，行政当局又は立法機関のいずれによって行われるものであっても，児童の最善の利益が主として考慮されるものとする。」として，子どもに対する措置において，子どもの最善の利益の尊重が謳われている。

　③子どもの意見の尊重

　「締約国は，自己の意見を形成する能力のある児童がその児童に影響を及ぼすすべての事項について自由に自己の意見を表明する権利を確保する。この場合において，児童の意見は，その児童の年齢及び成熟度に従って相応に考慮されるものとする。」（第12条）として，子どもは親などから保護や援助が必要なことから，子どもは従来，保護の対象と捉えられることが多かった。これに対して，本条約は子どもを権利行使の主体と位置づけている。その意味で，子ども自身が自分の意見を表す権利の保障は意義深い規定と言える。

　④差別のないこと

　「締約国は，その管轄の下にある児童に対し，児童又はその父母若しくは法定保護者の人種，皮膚の色，性，言語，宗教，政治的意見その他の意見，国民的，種族的若しくは社会的出身，財産，心身障害，出生又は他の地位にかかわらず，いかなる差別もなしにこの条約に定める権利を尊重し，及び確保する。」（第2条）として，人種や性，言語，宗教や政治的立場，出自，家

庭の経済状況や障害の有無等によって差別されない旨が規定されている。

　一方で，子どもの権利条約は，個別的諸権利について，市民的権利・自由（第13条・第15条），家庭環境・代替的養護（第20条），保健福祉（第24条），教育（第28条・第29条）・余暇・文化的活動（第31条），特別な保護措置（第19条）の５領域にわたって定めている。

　特に，第28条の第１項では，「締約国は，教育についての児童の権利を認めるものとし，この権利を漸進的にかつ機会の平等を基礎として達成する」として，教育の機会の平等の実現ならびに教育への権利保障を締約国に求めている。そのために，「a.初等教育を義務的なものとし，すべての者に対して無償のものとする。」として，初等教育の義務化と無償化の実現を，さらに「b.種々の形態の中等教育（一般教育及び職業教育を含む。）の発展を奨励し，すべての児童に対し，これらの中等教育が利用可能であり，かつ，これらを利用する機会が与えられるものとし，例えば，無償教育の導入，必要な場合における財政的援助の提供のような適当な措置をとる。」として中等教育機会の拡充に言及し，さらに「c.すべての適当な方法により，能力に応じ，すべての者に対して高等教育を利用する機会が与えられるものとする。」として，高等教育の教育機会にも言及している。そして「d.すべての児童に対し，教育及び職業に関する情報及び指導が利用可能であり，かつ，これらを利用する機会が与えられるものとする。」として，すべての子どもに教育や職業にアクセスできるような環境の提供を求め，「e.定期的な登校及び中途退学率の減少を奨励するための措置をとる。」として，子どもが学業を継続できるような措置の整備を求めている。また，第２項では，「学校の規律が児童の人間の尊厳に適合する」よう運用されることを求め，校則が子どもの尊厳を尊重するものでなければならず，暴力などを伴うような体罰による指導を否定している。第３項では，非識字の廃絶や最新の教育方法を世界で共有できるように国際協力の促進を求めている。

　第29条は，教育の目指すべき方向性を示しており，「a.児童の人格，才能並びに精神的及び身体的な能力をその可能な最大限度まで発達させること。」「b.人権及び基本的自由並びに国際連合憲章にうたう原則の尊重を育成する

こと。」「c.児童の父母，児童の文化的同一性，言語及び価値観，児童の居住国及び出身国の国民的価値観並びに自己の文明と異なる文明に対する尊重を育成すること。」「d.すべての人民の間の，種族的，国民的及び宗教的集団の間の並びに原住民である者の間の理解，平和，寛容，両性の平等及び友好の精神に従い，自由な社会における責任ある生活のために児童に準備させること。」「e.自然環境の尊重を育成すること。」の5つを挙げ，教育の目的として，子ども自身の能力を最大限伸ばし，人権や平和，環境保全など人類の重要な課題を学ぶことを挙げている。

3．子どもの権利委員会と日本

　国連には子どもの権利委員会が設置され（第43条），締約国は5年ごとに国内の子どもの権利に関わる状況や措置などを報告書にまとめて委員会に提出しなければならない（第44条）。委員会はこれを審査し，勧告を行う。日本に対する直近の勧告は2019（平成31）年2月に出された。このなかで，緊急措置をとるべき分野として，差別の禁止，子どもの意見の尊重，体罰，家庭環境を奪われた子ども，リプロダクティブヘルスおよび精神保健，少年司法に関する課題が挙げられた。また，子どもへの暴力，性的な虐待や搾取にも懸念を示し，子ども自身での訴えや報告が可能な機関の創設を求めている。特に教育に関する勧告では，たとえば，高校授業料無償化制度を朝鮮学校に適用するための基準の見直しを求め，朝鮮学校の大学・短大入試へのアクセスについて差別しないよう促している。

参考文献・URL

一般財団法人アジア・太平洋人権情報センター〈http://www.hurights.or.jp〉2020年2月24日閲覧。

喜多明人・森田明美・広沢明・荒牧重人編（2009）『[逐条解説] 子どもの権利条約』日本評論社。

児玉勇二（2015）『子どもの権利と人権保障』明石書店。

結城忠編（2000）『教育法規重要用語300の基礎知識』明治図書。

ユニセフ〈www.unicef.or.jp〉2020年2月24日閲覧。　　　　　（住岡敏弘）

‖ Q5 教育を受ける権利について述べなさい

1. 生存権としての「教育を受ける権利」

　戦前の大日本帝国憲法では，教育を受けることは臣民の義務であるとされ，教育に関する基本的事項は法律ではなく勅令が定めていた。

　これに対して，現行の日本国憲法は，国民主権と基本的人権の尊重，平和主義を柱に据えており，教育が個人の尊厳と人格の自由な形成や完成に不可欠なこと，また，国民主権と民主主義原理にもとづく国家や社会の形成者として国民を育成するという観点から，教育を受けることを基本的人権として保障している。

　教育は，個人が自由に人格を形成し，社会において有意義な生活を送るために不可欠な前提をなす。この意味で，「教育を受ける権利」は，精神的自由権としての側面を持つ。一方で，「教育を受ける権利」が保障されることは，人間に値する生存の基礎条件が保障されることにもなる。したがって，「教育を受ける権利」の保障は憲法第25条の生存権の保障における文化的側面をもつものであるといえよう。

2. 日本国憲法における規定

　日本国憲法第26条は，その第1項において教育を受ける権利を規定している。すなわち，「すべて国民は，法律が定めるところにより，その能力に応じて，ひとしく教育を受ける権利を有する」と，主権者である国民の権利として明確に位置付けている。

　第1項は，教育を受ける権利がすべての国民に平等に保障されなければならないこと，教育は一人ひとりの国民の能力を最大限まで伸ばすようなものでなければならないことを明らかにしている。教育を受ける権利の対象は，国民全体であり，ここでいう教育は，学校教育だけでなく，社会教育を含んでいる。

　「その能力に応じて，ひとしく」とは，教育を受ける権利における平等原則の適用を意味している。すなわち，本規定の「ひとしく」は，「人種，信条，性別，社会的身分又は門地」による差別を禁じ，法の下の平等を解いた，日本国憲法第14条を踏まえており，「能力に応じて」は，自らの能力や必要にふさわしい教育機会を保障されなければならないということを意味している。すなわち，教育を受けることで向上可能な資質をもちながら，その資質とは関係のない他の事情により教育機会が妨げられることがあってはならないことを意味している。憲法第26条を踏まえ，教育基本法第4条では，憲法第14条に列挙しているものに加え，さらに「経済的地位」を追加している。教育を受ける権利の生存権的な性質を重視し，国民が経済的事情のために現実に教育を受ける機会をもちえないことのないよう，国が積極的に措置を講ずる責務を有していることを示したものであると言える。

　そして，第26条第2項は「すべて国民は，法律の定めるところにより，その保護する子女に普通教育を受けさせる義務を負ふ。義務教育は，これを無償とする。」として，教育を受ける権利を保障する義務を地方自治体や国家が負うという基本構造を明らかにするとともに，すべての国民にとって必要な国民的教養（普通教育）の原理と教育の無償制の原理が明らかにされている。なお，教科書無償事件最高裁判決は，義務教育の無償とは「授業料」のみの無償を指し，教科書代等の教材費等まで無償にすることまでも保障したものではないと判示した（最高裁判所大法廷判決，1964年2月26日）。（現行では，義務教育諸学校で使用される教科書は「義務教育諸学校の教科用図書の無償措置に関する法律」で無償化の対象となっている。）

3．学テ判決と学習権説

　先述したような，「教育を受ける権利」を生存権の文化的側面ととらえる考え方に対して，1970年代から，子どもが生まれながらに学習を通じて成長する権利を有しており，すべての国民の学習権が実現されるように国家に積極的条件整備を要求しうるという学習権説が出された。この考え方に先鞭をつけたのが最高裁学テ判決である。同判決は，「この規定の背後には，国

民各自が，一個の人間として，また，一市民として，成長，発達し，自己の人格を完成，実現するために必要な学習をする固有の権利を有すること，特に，みずから学習することのできない子どもは，その学習要求を充足するための教育を自己に施すことを大人一般に対して要求する権利を有するとの観念が存在していると考えられる」として，生存権の請求的側面を示しつつ，学習権の意義を明示したのである。

4. 教育を受ける権利と外国籍の児童生徒

　近年，グローバル化の進展のなかで，わが国でも外国人労働者が急増し，それに伴って外国籍の児童生徒に対する教育のあり方が課題になっている。

　外国籍の児童生徒については，日本国憲法第26条が定める教育を受ける権利の主体は国民とされていることから，普通教育を受けさせる義務は，外国籍児童生徒には課せられないと解されている。

　一方で，わが国も批准している国際人権規約（社会権規約第13条）や子どもの権利条約第28条において，初等教育を義務教育としてすべての者に無償で提供することや，中等教育の利用を支援することなどが締約国に求められている。これらの規定を踏まえ，わが国の公立の小学校，中学校等では入学を希望する外国籍の児童生徒を無償で受け入れる等の措置を講じている。しかし，外国籍の児童生徒の保護者に対する就学指導が任意になっているため，不就学などが問題になっている。

参考文献

基本的人権の保障に関する調査小委員会（2003）「教育を受ける権利に関する基礎的資料」衆議院憲法調査会事務局。

永井憲一・堀尾輝久編（1976）『教育法を学ぶ　国民の教育権とは何か』有斐閣。

岡本徹・佐々木司（2016）『現代の教育制度と経営』ミネルヴァ書房。

初等中等教育における外国人児童生徒教育の充実のための検討会（2008）「外国人児童生徒教育の充実方策について（報告）」文部科学省。

結城忠編（2000）『教育法規重要用語300の基礎知識』明治図書。

（住岡敏弘）

Q6 教育の機会均等について述べなさい

1. 教育基本法に示された教育の機会均等の理念

　教育の機会均等は，教育を受ける権利と同様に，教育法制の根本原理の1つである。教育基本法第4条は，日本国憲法第14条の「法の下の平等」や第26条の「教育を受ける権利」を踏まえて，「すべて国民は，ひとしく，その能力に応じた教育を受ける機会を与えられなければならず，人種，信条，性別，社会的身分，経済的地位又は門地によって，教育上差別されない。②国及び地方公共団体は，障害のある者が，その障害の状態に応じ，十分な教育を受けられるよう，教育上必要な支援を講じなければならない。③国及び地方公共団体は，能力があるにもかかわらず，経済的理由によって修学が困難な者に対して，奨学の措置を講じなければならない。」と規定している。

　教育を受ける機会は広く国民全体に対して開かれるべきであり，同条第1項では，個人の能力や資質以外の要因により教育を受ける機会が制限されてはならないとして，「人種，信条，性別，社会的身分，経済的地位又は門地」による差別の禁止を具体的に例示している。

　そして第2項は，障害を理由とする教育機会の不平等を是正するために国や地方公共団体が積極的な役割を果たすことを求めている。ちなみに，障害を有する児童生徒の教育機会については，尼崎高校訴訟が有名である。本件は，筋ジストロフィー疾患を理由として高校入学不許可を受けた原告が，その処分取消を求めて起こした訴訟である。これに対して神戸地裁は，日本国憲法第26条や教育の機会均等について定めた教育基本法（旧法）第3条を根拠として示しながら，「障害を有する児童，生徒も，国民として，社会生活上あらゆる場面で一人の人格の主体として尊重され，健常児となんら異なることなく学習し発達する権利を保障されている」ことを指摘し，「健常者で能力を有するものがその能力の発達を求めて高等普通教育を受けることが教育を受ける権利から導き出されるのと同様に，障害者がその能力の全面的発

達を追求することもまた教育の機会均等を定めている憲法その他の法令によって認められる当然の権利である」と判示した。

　続いて第3項は，経済的困難を理由とした教育機会の不平等に対する国と地方公共団体の責務を規定している。教育を受ける権利を実質的に保障する上で奨学の措置は不可欠である。義務教育諸学校の児童生徒については，憲法26条第2項にもとづき国公立学校の授業料が，そして教科書無償に関する臨時措置法にもとづき国公私立の学校で教科書が，それぞれ無償となっている。さらに学校教育法第19条では「経済的理由によつて，就学困難と認められる学齢児童又は学齢生徒の保護者に対しては，市町村は，必要な援助を与えなければならない」として，経済的に困難な家庭（生活保護の受給対象者である要保護者とそれに準ずる準要保護者）に対して，市町村は就学援助として，学用品費や通学費，修学旅行費，学校給食費，体育実技用具費，クラブ活動費，生徒会費，PTA会費，医療費等を補助している。

2．普通教育機会確保法の制定と不登校児童生徒の教育機会

　2016（平成28）年には普通教育機会確保法（正式名称：義務教育の段階における普通教育に相当する教育の機会の確保等に関する法律）が制定された。同法は，教育基本法及び子どもの権利条約等に示された趣旨にのっとり，不登校児童生徒に対する教育機会の確保，夜間等において授業を行う学校における就学機会の提供その他の義務教育の段階における普通教育に相当する教育の機会の確保等及び普通教育を十分に受けていない者に対する支援等を総合的に推進することを目的としている。

　不登校児童生徒の教育機会の確保について，同法はまず不登校児童生徒を「相当の期間学校を欠席する児童生徒であって，学校における集団の生活に関する心理的な負担その他の事由のために就学が困難である状況として文部科学大臣が定める状況にあると認められるもの」（第2条第3項）と定義している。そして「国及び地方公共団体は，不登校児童生徒が学校以外の場において行う多様で適切な学習活動の重要性に鑑み，個々の不登校児童生徒の休養の必要性を踏まえ，当該不登校児童生徒の状況に応じた学習活動が行わ

れることとなるよう…必要な措置を講ずるものとする」（第13条）と定め，学校外での「多様で適切な学習活動」の重要性を指摘するとともに，不登校児童生徒に通学を強いることはかえって状況を悪化させる懸念があるため，子どもたちの「休養の必要性」を認めている。このように，教育機会確保法の最大の意義は，学校復帰を前提にした従来の不登校対策を転換し，不登校の子どもに学校以外での多様な学びの場を提供しようとしている点にある。この点を踏まえ，国と地方公共団体に対しては，不登校児童生徒の状況に応じた学習活動が行われるように，児童生徒の状況を継続的に把握し（第12条），その児童生徒と保護者に学校外施設などに関するさまざまな情報を提供するよう求めている（第13条）。一方で，不登校の児童生徒が通いやすい民間のフリー・スクールや公立の教育支援センター，特別な教育課程をもつ不登校特例校など，学校以外の教育機会を確保する施策を国と自治体の責務とし，必要な財政支援に努めるよう規定している。

　また，同法は，第4章に「夜間その他特別な時間において授業を行う学校における就学の機会の提供等」を置き，第二次世界大戦後の混乱などで義務教育を受けられなかった人が通う夜間中学への就学機会の提供も盛り込んでいる。文部科学省は，夜間中学が各都道府県に最低1校は設置することを目指しており，令和2年現在10都府県に34校が設置されている。

参考文献・URL

髙妻紳二郎編著（2014）『新・教育制度論』ミネルヴァ書房。

文部科学省ホームページ「夜間中学の設置推進・充実について」〈https://www.mext.go.jp/a_menu/shotou/yakan/index.htm〉2020年3月4日閲覧。

下村哲夫著（1997）『改訂新版教育法規を読む』東洋館出版社。

岡本徹・佐々木司（2016）『現代の教育制度と経営』ミネルヴァ書房。

結城忠編（2000）『教育法規重要用語300の基礎知識』明治図書。

（住岡敏弘）

Q7 教育の義務性について述べなさい

1. 制度原理としての義務性

　教育の義務性とは，教育の無償性や中立性と並んで，国民の教育を受ける権利を保障するために認められる公教育制度の基本原理の一つである。

　義務性の原理は，将来自立して生活するのに必要なある一定レベルの教育を受けることを，その人の資質・能力・資力などの社会的条件に関わりなく義務的に保障することで，教育の機会均等を実現しようとする考えに基づいており，一般に義務教育制度を導くものと解されている。近代以降，子どもに教育を受ける権利を保障することが国家・社会の義務であると捉えられるようになったことで，教育の義務性は，単に保護者に対し就学義務を課すだけでなく，国や地方公共団体などの義務も含むものとなっている。

　教育の義務性の具体的な内容としては，①就学義務，②学校設置義務，③就学奨励義務，④避止義務，の4つが挙げられる。

2. 義務性の内容

(1) 就学義務

　日本国憲法第26条第2項は「すべて国民は，法律の定めるところにより，その保護する子女に普通教育を受けさせる義務を負ふ。義務教育は，これを無償とする」と定め，全ての国民がその養育している子どもに普通教育を受けさせなければならないと規定している。

　義務教育期間について，保護者は子どもに9年間の普通教育を受けさせる義務を負っている（学校教育法第16条）。また，子どもを就学させる時期については，保護者は子どもが満6歳に達した日の翌日以後における最初の学年の初めから満15歳に達した日の属する学年の終わりまで，小学校や中学校などに就学させる義務を負うとしている（学校教育法第17条）。

　ただし，保護者が就学させなければならない子どもは，日本国内に在住し

ている子どもに限られ，また，就学義務を負うのは「国民」であるので（日本国憲法第26条第2項，教育基本法第5条第1項），保護者が日本国民でない場合は，子どもを就学させる義務はない。

　なお，就学義務の例外として，学齢期の子どもが，病弱，発育不完全（特別支援学校における教育に耐えられない程度であることが必要）その他やむを得ない事由（子どもの失踪等）のために就学困難と認められる場合には，学校教育法第18条の規定により保護者の就学義務は猶予又は免除される。

（2）学校設置義務

　学校設置義務とは，市町村に対し，学齢期の子ども達を就学させるために必要な小・中学校の設置を求めるものである。なぜなら，保護者がいくら子どもを小・中学校に通わせようとしても，近隣に学校がなければ保護者の就学義務を果たすことは出来ないからである。

　学校教育法第38条は「市町村は，その区域内にある学齢児童を就学させるに必要な小学校を設置しなければならない。ただし，教育上有益かつ適切であると認めるときは，義務教育学校の設置をもつてこれに代えることができる」と規定し，小学校の設置義務は同法第49条で中学校にも準用されている。このように，市町村に対して法律上明確に公立学校を設置する義務が定められているが，これは大都市圏の区についても同様である。

　ただし，障害のある子ども達が通う特別支援学校については，都道府県に設置義務が課されている（学校教育法第80条）。

（3）就学奨励義務

　学校教育法第19条は「経済的理由によって，就学困難と認められる学齢児童又は学齢生徒の保護者に対しては，市町村は，必要な援助を与えなければならない」と規定している。例えば，保護者が生活保護を受けている場合，生活保護費に教育扶助も加えられ，学齢児童生徒の就学が市町村によって援助される（市町村に対しては国の経費補助がある）。教育扶助の内容については，義務教育を受けるにあたって必要な学用品等の費用を支給することになっており，学用品の他，学校給食費，通学費，修学旅行費，クラブ活動費，生徒会費，PTA会費等も援助の対象となる。

ただし，就学奨励義務には，経済的理由に基づく義務としての側面だけでなく，教育基本法第4条第2項が規定するように，障害のある者に対する教育支援義務としての側面もあり，その場合は広く国及び地方公共団体がその義務を負うことになる。

（4）避止義務

　労働基準法第56条は「使用者は，児童が満15歳に達した日以後の最初の3月31日が終了するまで，これを使用してはならない」と定めており，学齢期の子どもを雇用することを原則として禁じている。この事業主に課される「学齢期の子どもを雇用してはならない」という義務が避止義務である。避止義務には，劣悪な労働から子どもの健康を守るという福祉的側面の他に，児童労働によって学齢期の子どもの教育を受ける権利が妨げられないようにするといった権利保障的側面がある。

　なお，テレビの子役俳優など，ある一定の職種に関しては，一定の条件下でこの避止義務は免除されるが，学校教育法第20条は「学齢児童又は学齢生徒を使用する者は，その使用によって，当該学齢児童又は学齢生徒が，義務教育を受けることを妨げてはならない」と定め，例外的に雇用する場合であっても，過度な負担にならないよう配慮することが求められている。

3．教育における権利義務の主体

　以上のように，教育の義務性における「義務」とは，保護者が負う「就学義務」，主に市町村が負う「学校設置義務」と「就学奨励義務」，事業主が負う「避止義務」の4つの義務が組み合わさったものであり，学齢期の子どもの教育を受ける権利を実質的に保障するために設けられた国家・社会の義務である。その意味では，子ども自身に教育を受ける義務はなく，子どもはただ権利の主体として存在しているにすぎないのである。

参考文献

教育制度研究会編（2011）『要説教育制度 新訂第三版』学術図書出版社。
藤井穂高編著（2018）『教育の法と制度』ミネルヴァ書房。

（関内偉一郎）

▍Q8　教育の無償性について述べなさい

1．制度原理としての無償性

　教育の無償性とは，教育の義務性や中立性と並んで，国民の教育を受ける権利を保障するために認められる公教育制度の基本原理の一つである。具体的には，教育を受けるにあたって，保護者および本人が直接にその経費を負担しないことであり，これは教育経費が公費負担（公共財源）によってまかなわれることを意味する。

　歴史的に見れば，教育の無償性は，義務教育制度の導入過程において，就学を奨励するために恩恵的・救貧的に認められたものだが，現在では教育を受ける権利を妨げる経済的制約から解放するための財政原理となっている。

2．無償性の範囲

　日本国憲法第26条第2項は「義務教育は，これを無償とする」と規定し，義務教育段階における公教育が無償であることを保障しているが，無償となる具体的な範囲や対象については制限がある。

　まず，教育基本法第5条第4項は「国又は地方公共団体の設置する学校における義務教育については，授業料を徴収しない」と規定し，無償の範囲を国公立学校の授業料に限定している。また，教科用図書（教科書）に関しては，1962年の義務教育諸学校の教科用図書の無償に関する法律および1963年の同無償措置に関する法律に基づいて，国公私立を問わず，義務教育段階の全ての児童生徒に無償で給付されている。

　このように無償の範囲は，国公立義務教育諸学校の授業料と，私立学校も含めた教科書の無償に限定され，義務教育にかかるその他の様々な費用（副教材費，学用品費，給食費，制服代など）は個人負担となっている。ただし，就学奨励義務との関係で，生活保護世帯などの経済的困窮状態にあると認められた場合には，学用品等の費用も支援の対象となる。

3．無償性に関する近年の動向

　教育の無償性に関する憲法上の要請は義務教育段階に限られているが，近年，政府による少子化対策や子育て支援政策の一環として幼児教育の無償化や高校授業料の無償化などが図られ，無償となる学校段階が小中学校に限らず拡大しつつある。

（1）幼児教育無償化

　2019年10月から，「子ども・子育て支援法の一部を改正する法律」に基づき幼児教育無償化制度がスタートした。対象は，幼稚園，保育所，認定こども園等を利用する3歳から5歳までの全ての子ども達であり，利用料無償化の期間は，満3歳になった後の4月1日から小学校入学前までの3年間となっている。但し，幼稚園については，月額2.57万円までという上限が設けられている。また，通園送迎費，食材料費，行事費などは保護者の負担となるが，年収360万円未満相当世帯の子どもと全ての世帯の第3子以降の子どもについては，副食（おかず・おやつ等）の費用が免除されている。なお，0歳から2歳までの乳幼児については，住民税非課税世帯を対象として利用料が無償化されている。

（2）高等学校等就学支援金制度（高校授業料無償化）

　全国の高等学校等進学率は98.8％（2019年現在）に達しており，高等学校教育は準義務教育とも言われる。そこで，国は義務教育を終えた後の家庭の教育費負担を軽減するため，2010年に「公立高等学校に係る授業料の不徴収及び高等学校等就学支援金の支給に関する法律」を制定し，高等学校等就学支援金制度を設けた。

　高等学校等就学支援金制度の対象となるのは，全日制・定時制・通信制の国公私立高等学校，中等教育学校の後期課程，特別支援学校の高等部，高等専門学校の第1学年から第3学年までの生徒等である。

　支給額は，例えば全日制で定額授業料制の公立高等学校に通う生徒の場合，月額9,900円が36カ月にわたって支給される。但し，保護者等の年収が一定額を上回ると支給を受けられなくなり，一定額を下回ると私立高等学校

等の場合は増額される仕組みとなっている。

（3）高等教育の修学支援新制度

　低所得世帯（住民税非課税世帯やそれに準じる世帯）を対象に，大学などの高等教育を無償化する「大学等における修学の支援に関する法律」が2019年5月に成立し，それに基づき，高等教育の無償化が2020年4月から始まった。無償化の対象となる学校種は，大学・短大・高等専門学校・専修学校（専門課程）である。また，その内容は，「授業料等の減免」と「給付型奨学金の支給」の二本立てとなっており，世帯収入によって入学金や授業料が減額・免除される他，返還不要の奨学金が給付される。但し，こうした支援を受けるためには，所得や資産制限に関する要件の他，学業成績や学習意欲に関する要件を満たす必要があり，学業不振者は支援が打ち切られる。

4．無償性に関する課題

　以上のように，教育の無償性は，義務教育段階を核としながらも，近年，無償となる学校段階は拡大されつつある。しかしその一方で，幼児教育無償化に対しては，待機児童問題の解消を優先すべきとの声も根強く，また，後期中等教育段階や高等教育段階における無償化には，ある一定の所得水準を超えた場合には対象にならないという所得制限が設けられている。

　とはいえ，教育の機会均等を実現し，それにより国民の教育を受ける権利を実質的に保障していくためには，親の経済力に起因する教育格差問題の解決が不可欠であり，教育の無償化拡大の流れはその重要な解決策の一つとして位置付けられている。

参考文献・URL

教育制度研究会編（2011）『要説教育制度　新訂第三版』学術図書出版社。
藤井穂高編著（2018）『教育の法と制度』ミネルヴァ書房。
内閣府〈https://www8.cao.go.jp〉2020年3月8日閲覧。
文部科学省〈https://www.mext.go.jp〉2020年3月8日閲覧。

（関内偉一郎）

Q9 教育の中立性について述べなさい

1. 制度原理としての中立性

　教育の中立性とは，教育の義務性や無償性と並んで，国民の教育を受ける権利を保障するために認められる公教育制度の基本原理の一つである。教育の義務性や無償性といった制度原理が教育機会へのアクセスに関わる原理であるのに対し，中立性は教育内容・方法に関わる原理である。

　中立性を保障する理由は，学校で学ぶ内容が中立的でなく著しく偏っているような場合，子ども達は物事を正しく理解し判断する能力を身に付けることが出来ず，多様な意見や価値観を尊重する民主主義社会を形成していく上で問題となるからである。

　教育の中立性の具体的な内容としては，①政治的中立性，②宗教的中立性，③行政的中立性，の3つが挙げられる。

2. 中立性の内容

（1）政治的中立性

　教育基本法第14条第2項は，「法律に定める学校は，特定の政党を支持し，又はこれに反対するための政治教育その他政治的活動をしてはならない」と定め，党派的な政治教育や政治的活動を禁じている。この条文の主語は「法律に定める学校」なので，この政治的中立は義務教育段階に限らず，また国公私立全ての学校に課されるものである。そのため，教員が自分の政治思想や政治的信条を公言することは違法とはならないが，特定の政党を一方的に称賛または批判したり，特定の候補者に対する投票を生徒や保護者に呼びかけるといった，党派的な扇動・教唆行為をすることは許されない。

（2）宗教的中立性

　日本国憲法第20条第3項は，「国及びその機関は，宗教教育その他いかなる宗教的活動もしてはならない」と定めており，宗教的中立性の確保は教育

の分野に限ったものではない。しかし，教育基本法第15条第2項は，「国及び地方公共団体が設置する学校は，特定の宗教のための宗教教育その他宗教活動をしてはならない」と定め，学校教育においても宗教的中立性が確保されるべきことが確認されている。

　ただし，ここでいう宗教的中立性とは，国公立学校に特定の宗派に偏った宗派的宗教教育を禁止するものであって，私立学校については禁止されていない。私立の小中学校では教育課程の編成上，「特別の教科道徳」に代えて「宗教」を導入することが認められている。また，教育基本法第15条第1項は，宗教に対する寛容な態度や一般的な教養，宗教の社会生活における地位などを教育上尊重するように求めており，国公立学校においても，教育内容に宗教的事項が含まれること自体を否定するものではない。

（3）行政的中立性

　教育基本法第16条は，教育は不当な支配に服することなく，教育行政は公正かつ適正に行われなければならないと定めている。教育への不当な介入を避け，行政的中立性を確保するために，教育行政の法律主義が採られ，また，一般行政や様々な政治的勢力からの独立が重視されている。

　教育行政の法律主義とは，国民の代表者たる国会議員が審議した法律に基づいて教育行政は行われなければならないとする考えであり，これは戦前の勅令主義の反省に基づくものである。この教育行政の法律主義は，しばしば条文に見られる「法律にもとづき」という文言にも表れている。また，一般行政からの独立は，地方教育行政の責任機関である教育委員会の制度化に表れている。教育委員会は，特別行政委員会として一般行政から一定の距離を置くことで，相対的な中立性を保っている。

3．中立性の課題

　政治的中立性に関しては，2016年に選挙権年齢が「満18歳以上」へと引き下げられたことで，特に主権者教育との関係において問題とされやすい。この点，教育基本法第14条第1項は，「良識ある公民として必要な政治的教養は，教育上尊重されなければならない」として主権者教育の重要性を認め

ており，公民科目などの授業においては，政治的中立性を確保しつつ，生徒の政治的リテラシーや政治参加意識を高めることが求められている。

　また，宗教的中立性に関しても，政教分離の原則は，国家と宗教との関わり合いを全く許さないとするものではなく，相当とされる限度を超えることを許さないとするものである。憲法第20条第3項にいう宗教的活動とは，その目的が宗教的意義を持ち，その効果が宗教に対する援助・助長・促進または圧迫・干渉等になるような行為を指す（最高裁判所大法廷判決，1977年7月13日「津地鎮祭事件」）。そのため，例えば，公立幼稚園が習俗的行事としてクリスマス会を実施したとしても，直ちに違法にはならないと解される。

　さらに，行政的中立性に関しては，一般行政から独立している教育委員会も様々な政治的圧力を受けることがあり，そうした政治的圧力によってなされた教員に対する処分が違法と判断される場合があることに注意する必要がある。例えば，知的障害を持つ児童への性教育の授業内容が不適切であるとする都議会議員らの非難を受け，東京都教育委員会が都立養護学校（現特別支援学校）の校長及び教員らに対し懲戒処分や厳重注意処分を行った事件（都立七生養護学校事件）では，損害賠償や処分取り消しを求める2件の裁判が起こされ，いずれも原告側（養護学校校長・教員ら）が勝訴している。

　以上のように，日本の公教育は，中立性という制度原理によって教育の公平性を確保し，国民の教育を受ける権利を実質的に保障しようとしている。しかしその一方で，社会生活に密接に関連する政治や宗教について学ぶことには，一定の教育的・社会的意義が認められる。したがって，教育の中立性が損なわれるか否かについては，教育活動の萎縮に繋がらないよう留意しつつ，個別の事案ごとに慎重に判断する必要があるだろう。

参考文献・URL
教育制度研究会編（2011）『要説教育制度　新訂第三版』学術図書出版社。
藤井穂高編著（2018）『教育の法と制度』ミネルヴァ書房。
　こころとからだの学習裁判支援サイト〈http://kokokara.org/〉2020年3月10日閲覧。

（関内偉一郎）

Q 10　教育の自由について述べなさい

1．教育の自由の概念とその論拠

　教育の自由とは，教育の主体（例：親）がその教育的価値を実現する自由を有していることを意味しており，教育の基本原理の一つに位置づけられる。この原理は，ヨーロッパにおいて学校教育や学問研究に対する教会や国家からの統制や干渉を排除し，それらから自由であることを求める過程で形成されてきたものである。

　このような過程を経て形成されてきた教育の自由の論拠の一つに，（大学における）学問の自由がある。長く，学問に対する神学の支配が続いてきたヨーロッパにおいて，1810年のK.W.v.フンボルトらによるベルリン大学創立の理念の宣明は，学問の自由の画期と言われる。フンボルトらの考えは，大学には学問（研究）とともに教授の自由を認めるものの，普通教育に関してはそれらに一定の制限を加えるものとして，その後の学問の自由論の基軸となった。日本においても，日本国憲法第23条（学問の自由）から教授の自由が導き出されており，旭川学力テスト事件の最高裁判決（1976（昭和51）年）において，大学教育とは異なり，普通教育の教師にある程度の自由を認めつつも完全な教授の自由については否定的な結論が示された。また，教育の自由の論拠として，親権の尊重を自然法の原理とするものがある。これは，子どもに対する教育権も親権の行使の一形態とみなすもので，具体的には，親権の行使としての家庭教育の自由と学校選択の自由及び私立学校設置の自由を意味する。これは，近代における教育の自由の最も古典的な観念であると同時に今日でも基本的に否定されることのない観念である。

2．教育権としての教育の自由

　日本では，教育の自由をめぐって長きにわたり教育権論争が展開されてきた。この論争では，子どもに対する教育の自由，すなわち子どもを教育する

権利（教育権）の主体（親，国家，教師）は誰なのかが問われてきた。

　親の子どもを教育する権利（教育権）に関しては，1948（昭和23）年の世界人権宣言第26条第3項において「親は，子に与える教育の種類を選択する優先的権利を有する」と規定されている。また，日本の民法第820条では「親権を行う者は，子の利益のために子の監護及び教育をする権利を有し，義務を負う」と規定されており，親（保護者）の子どもを教育する権利が保障され，義務が課せられている。

　このような親の子どもの教育に対する権利を前提としながらも，国家あるいは教師がどのような教育権を有するのかについては，「国家の教育権論」と「国民の教育権論」が鋭く対立してきた。

　国家の教育権論は，国民の代表者からなる国会の法律制定を通じて国民全体の教育意思が現れており，当然，公教育における教育の内容及び方法についても包括的に定めることができるとする。そしてまた，教育行政機関も，このような法律の授権に基づく限り，広くこれらの事項について決定権限を有する，と主張するものである。

　これに対して，国民の教育権論は，子どもの教育を受ける権利（学習権）を保障するための親の教育義務を共同化したものとして公教育を捉える。そして，教育の専門家である教師は，親共同（国民）の信託を受け，親に代わってその職責を担うものとされる。その職責は，カリキュラム編成や教材の選択，教育方法の工夫等，教育の内的事項（interna）全般にわたるものであり，それは親の信託によるものであることから，国家権力が関与してはならず，教師が教育内容を決定する権能を有するとする。そのため，国家は，教育内容に関与してはならず，教育の施設・設備，財政等，教育の外的事項（externa）とよばれる条件整備に限られるとする。

　このような国家の教育権と国民の教育権の対立，論争では，国が定める教育内容である学習指導要領の法的性格（法的拘束力）が問われた。先に言及した旭川学力テスト裁判の最高裁判決（1976（昭和51）年）では，国家の教育権論，国民の教育権論は共に極論であり，国家は，「必要かつ相当と認められる範囲」において教育の内容を決定する権能を有するとした。そし

て，学習指導要領は，教育における機会均等の確保と全国的な一定の水準の維持を図る大綱的基準として認められるとした。

3．学校教育と教育の自由

先に述べたように親権の行使として捉えられてきた教育の自由は，子どもが教育を受ける場（機会）＝学校との関わりから，学校設置の自由や学校（教育）選択の自由として捉えられてきた。

（1）学校設置の自由

学校設置の自由は，ヨーロッパにおける教会による学校設置の自由として成立したものであり，現代においても学校設置の自由は，私立学校設置の自由として保障されている。日本においては，学校教育法第1条に規定されている学校（法律に定める学校）を設置できるのは，国，地方公共団体に加えて学校法人とされている。すなわち，日本において私立学校設置の自由は，個人に対してではなく，学校法人による学校設置（私立学校の設置）として認められている。ただし，学校法人は審査によって認可され，学校の設置・運営にあたっては，様々な法的規制を受けるものであり，私立学校の設置は容易なものではない。しかし，2000年代以降，規制緩和，民営化の一環として，構造改革特区において，株式会社（学校設置会社）やNPO法人立（学校設置非営利法人）の設置が認められるようになった。なお，アメリカ合衆国では，保護者や教員，あるいは営利企業などが学校設置を教育委員会などに申請し，認可されれば学校設置（創設）が可能となるチャーター・スクール制度がある。チャーター・スクールは，学校経営の大幅な自由裁量を与えられると同時に設置認可の際の契約（学力テストの成果など）を一定期間の間に果たすことができなければ廃校もあり得る制度であり，学校設置・運営の自由が与えられると同時に結果責任（アカウンタビリティ）が求められるものである。

（2）学校（教育）選択の自由と普通教育機会確保法

日本では，日本国憲法第26条で規定された（子どもの）教育を受ける権利を保障するために，その第2項で「すべて国民は，法律の定めるところに

より，その保護する子女に普通教育を受けさせる義務を負ふ。義務教育は，これを無償とする。」と規定され，保護者がその第一義的責任を負うことになっている。これを受けて，学校教育法において，保護者がその子に9年間の普通教育を受けさせる義務が課せられ（同法第16条），小学校，中学校等の義務教育諸学校（一条校）に就学させる義務を負っている（同法第17条）。こうした就学義務は，国立や私立の学校を選択する以外は，通常，教育委員会が通学区域を設定し，それに基づいて指定された公立学校に就学させることで果たされてきた。しかし，1990年代後半から，行財政改革の中で学校選択の自由が重視されるようになり，公立学校を対象とした学校選択制度が，東京都品川区など各地で導入された。

　上述のように保護者の子に普通教育を受けさせる義務は，学校教育法第1条に規定された，小学校などのいわゆる一条校に就学させる義務となっている。しかし，不登校児童生徒の増加や価値観の多様化などを背景に，学校外（一条校以外）の学びの場を尊重すべきであるとの意識が広まり，フリースクールやオルタナティブスクールなどの活動や実績に注目が集まるようになってきた。2016（平成28）年には，「義務教育の段階における普通教育に相当する教育の機会の確保等に関する法律」（普通教育機会確保法）が制定され，学校外（一条校以外）の学びの場の重要性が明示された（同法第13条）。この法律が主な対象としているのは不登校児童生徒であるものの，フリースクール等の学びの場や，家庭等におけるインターネットを利用した学習などに対する評価が変化することによって，これまで前提とされてきた一条校への就学義務，言いかえれば，就「学校」義務を問い直し，より広範な学校（教育）の選択の自由が認められる契機になることも考えられる。

参考文献

高見茂監修（2020）『2021年度版　必携教職六法』協同出版，pp.724-725。

滝沢潤（2018）「学校づくりと公教育の展望　―普通教育機会確保法を一つの起点として―」『関西教育学会年報』第42号，pp.183-187。

細谷俊夫編（1990）『新教育学大事典』第2巻，第一法規出版，pp.237-239，338-340。

（滝沢　潤）

Q 11　教育の公共性について述べなさい

1．教育の社会的意義

　人間にとって，教育は，個人（子ども）の成長発達に欠かせない営みである。しかし，その営みは，個人的，私的なものにとどまらない性格を持つ。なぜなら，人間は，社会的存在であり，社会の中でその存在が尊重されることで個人としての生の充実が図られるとともに，社会の一員として「より良い」社会の形成に貢献することが期待される。とりわけ，社会の複雑化，不透明化，あるいは多様化やグローバル化等が進展する現代においては教育のもつ社会的意義はより大きなものとなっている。

　教育の社会的意義については，例えば，教育によって知識や技能を習得することで個人がより高い収入を得ることができるだけではなく，より高度な知識や技能によって生産された商品やサービスが取引されることによって社会の富が増えるという経済的な効果もある。そのことによって税収が増えれば，社会保障の充実を図ることもできる。また，教育によって規範意識や健康に対する意識が高まれば，より安全，安心な社会が実現することにつながる。さらには，教育を通じて政治参加に対する意識が高まり，文化，芸術，スポーツなどのへの関心，参加が活発になることでより文化的で民主主義的な社会が形成されることになる。このように教育には，大きな社会的意義，効果があることから社会全体で教育の費用（教育費）を負担することが正当化される。すなわち，公的な機関（国や地方公共団体）が公費（税金）を用いて教育を行うこと（公教育）が必要とされるのである。

2．教育の機会均等と中立性，共通性

　上述のように，教育が個人的で私的な側面を有しつつも，人間社会にとっての意義は非常に大きいものがある。ただし，教育はその社会的意義，効果のみによって根拠付けられるものではなく，現代において教育は，普遍的な

人権として最も重視される権利であり，これを保障するものとして公教育が制度化されている。

　日本においては，憲法第26条の国民の教育を受ける権利の規定がそれに当たる。この国民（子ども）の教育を受ける権利を保障するために，保護者にその第一義的な責任として，普通教育を受けさせる義務が課されている。保護者がその義務を確実に果たすことができるよう，地方公共団体に学校設置義務が課せられ（学校教育法第38条など），地方公共団体によって設置された公立学校には，政治的中立性（法律に定める学校すべてに求められる）や宗教的中立性（国立学校も含む）が求められている（教育基本法第14条，第15条）。また，義務教育は無償とされるとともに経済的理由によって学修が妨げられることのないように就学援助や奨学金の制度が整備されている。このように，教育を受ける権利の平等保障（教育の機会均等）のために，公的な機関（国や地方公共団体）によって学校が設置され，そこで行われる教育の中立性（政治的，宗教的）や共通性（普通教育）が保障されることになっている。

3. 公共性の3つの意味と公教育

　ところで，政治学者の齋藤純一によれば，「公共性」という言葉が用いられる際の意味合いは次の3つに大別できるとされる。第一に，国家に関係する「公的な（official）もの」という意味である。この意味での公共性は，国家が法や政策などを通じて国民に対して行う活動を示す。第二に，特定の誰かにではなく，すべての人々に関係する「共通のもの（common）」という意味である。この意味での公共性は，共通の利益・財産，共通に妥当すべき規範，共通の関心事などを指す。第三に，誰に対しても「開かれている（open）」という意味である。この意味での公共性は，誰もがアクセスすることを拒まれない空間や情報などを指す。

　このような公共性の3つの意味からすれば，現在の日本の公教育（公立学校）は，次のように理解できる。まず，公教育の中心を担うとされる公立学校は，地方公共団体（国家の機関）が設置，管理していることから「公的な

（official）もの」としての性格を有している。また，公立学校では，特に義務教育段階の小中学校では普通教育が行われており，子ども達が「共通のもの（common）」を学ぶ場となっている。そして，公立学校では，教育の政治的，宗教的中立性が求められ，経済的理由によって学修が妨げられてはならないとされており，誰もがアクセスできるよう「開かれている（open）」。以上のように，教育の機会均等を保障するために確立されてきた日本の公教育（公立学校）は，公共性の三つの意味を体現する制度であると言えるだろう。しかし，上記した三つの意味を持つ公共性はそれぞれ別の意味，矛盾を有していることに注意する必要がある。

4．教育の公共性への問い

公共性の第一の意味である「公的な（official）もの」は，すべての国民（子ども）に対して，教育を平等に保障するために国家（地方公共団体）が公費によって学校を設置したり，教職員の給与を負担したりすることを意味している。しかし，それは同時に国民に対する国家権力による強制や義務（例：保護者に対する就学義務）といった側面を持つ。また，第二の「共通のもの（common）」は，公教育においてすべての人々にとって共通にもとめられるもの（基礎学力や道徳性など）を保障することを意味するが，子どもたちの個性や言語的，文化的多様性を抑圧する不特定多数の圧力といった側面がある。そして，第三の「開かれている（open）」は，すべての子どもに教育の機会を保障するために教育の中立性や経済的理由によって学修が妨げられないことが求められているが，障がいや宗教的習慣・服装，教育の無償性の制約などによって開かれているはずのもの（教育の機会均等）が閉ざされる（十分開かれていない）ことがある。

5．グローバル化，階層化，教育改革と教育の公共性

近年のグローバル化，少子高齢化の進展は，日本の社会の多様化や階層化を促進してきた。また，新たな国家，社会のあり方が提示される中で，様々な教育改革が行われてきた。このような状況は，日本の公教育のあり方，す

なわちその公共性を鋭く問うものとなっている。

　グローバル化の進展や人口減少によって多くの外国人を受け入れている日本の教育には，多言語多文化化への対応が求められている。国民を対象に，国民共通の言語・文化を教える国民教育を行う学校としての公立学校の性格が問われており，それは同時に，公立学校が多様性や差異に対して等しく開かれたものであるのかが問われている。また，不登校児童生徒の教育を受ける権利を保障する上で，一条校への就学，通学を前提とした公教育のあり方が問われている。さらに，社会の階層化が進み貧困が広がる中で，授業料と教科書の無償を基本とする日本の義務教育の無償性の制約が家庭に大きな負担となり，就学援助率が高まっている。こうした貧困と低学力との強い相関が指摘される現状は，普通教育が平等に保障されていないことを示しているとも言える。

　また，市場化，民営化，地方分権化，評価などを特徴とする新自由主義的な教育改革が進み，教育の私事化や（公）教育の多様化の中で，公立学校の役割も相対的に縮小してきた。

　以上のようなことから，日本の（学校）教育がこれまで述べてきたような教育の公共性を担保するものとなっているのか，あるいは，社会的な営みとしての（学校）教育がどのような性格（公共性）を持つべきなのかが厳しく問われている。

参考文献

齋藤純一（2000）『公共性』岩波書店。

坂田仰「教育を巡る公共性の諸相」（2019）『日本教育行政学会年報』第45号，pp.2-7。

高見茂監修（2020）『2021年度版　必携教職六法』協同出版，pp.714-715。

中澤渉（2018）『日本の公教育　学力・コスト・民主主義』中央公論新社。

（滝沢　潤）

第 2 章　学校制度

Q 12　学校体系について述べなさい

1．学校体系とは

　学校体系については次ページの図2-12-1のように学校体系図がよく知られている。幼稚園や小学校があり，それに中学校と高等学校が続き，高等学校卒業後，大学に至る。これらは，初等教育（小学校），中等教育（中学校，高校），高等教育（大学，短期大学）として，学校段階を形成している。言い換えると，学校段階は，学校の上下関係を区分するものである。一方，こうした学校とは別に，特別な教育ニーズのある子どもたちのために特別支援学校も設けられている。これらは別の系統に位置づけられる。学校の系統性は基本的にその目的の違いによるものである。後期の中等教育段階を見ると，高等学校のほかにも，高等専門学校，専修学校，各種学校などがある。これらもそれぞれの目的によって区別される。このように，学校体系は縦の系統性と横の段階性とによって成り立っているということが言える。

　これを学校教育法に定められている各学校の目的から確認してみよう。学校段階については，例えば，中学校は「小学校における教育の基礎の上に」，心身の発達に応じて，義務教育として行われる普通教育を施すことと（第45条），高等学校は，「中学校における教育の基礎の上に」，心身の発達及び進路に応じて，高度な普通教育及び専門教育を施すことと（第50条）それぞれ明記されている。学校系統については，例えば，小・中学校が「普通教育」を目的としているのに対し，特別支援学校は，「視覚障害者，聴覚障害者，知的障害者，肢体不自由者又は病弱者に対して，幼稚園，小学校，中学校又は高等学校に準ずる教育を施すとともに，障害による学習上又は生活上の困難を克服し自立を図るために必要な知識技能を授けること」（第72条）と定められており，両者の違いが系統性の根拠となる。

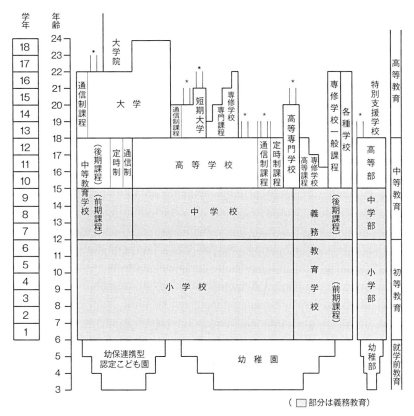

図2-12-1　令和元年の学校系統図

出典：高見茂監修『2021年度版 必携教職六法』協同出版，924頁

2．複線型から単線型へ

　次ページの図2-12-2に見るように，戦前の日本の学校体系は，小学校は1つの段階を形成しているものの，中等教育段階をみると，中学校，高等女学校，高等小学校，実業学校，実業補習学校等，いくつもの学校種が並立していた。その上，中学校を除くと大学に接続することができない仕組みであり，系統性が際立ったものであった（複線型学校体系）。

　それが第2次世界大戦後の教育改革により，すべてのものが小学校から中

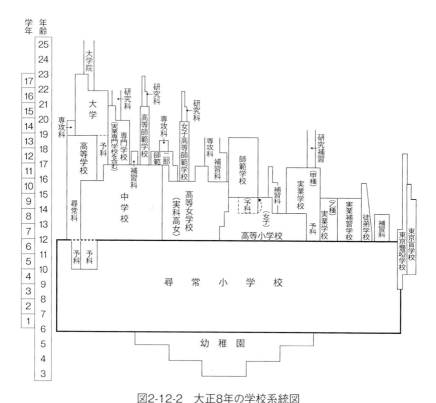

図2-12-2　大正8年の学校系統図

出典：高見茂監修『2021年度版 必携教職六法』協同出版，922頁

学校へ，中学校から高校へ，そして高校から大学へと同じ道を歩めるような
制度に改革された（単線型学校体系）。

　しかし，現在の学校体系図を見ると，小中学校と並行して義務教育学校
が，中・高と並行して中等教育学校が，さらには高等専門学校もあり，一見
すると「複線化」しているようにも見える。高等専門学校が創設されたのは
1961年と早く，中等教育学校は1998年に，義務教育学校は近年の2016年に
創設されたものである。このうち義務教育段階に重なる中等教育学校の目的
は「小学校における教育の基礎の上に，心身の発達及び進路に応じて，義務

教育として行われる普通教育並びに高度な普通教育及び専門教育を一貫して施すこと」であり（学校教育法第63条），中学校と高等学校の目的を合わせたものとなっている。義務教育学校の目的も，「心身の発達に応じて，義務教育として行われる普通教育を基礎的なものから一貫して施すこと」（同法第49条の2）とあり，小学校と中学校の目的を合わせたものとなっている。したがって，目的が同じであり，「複線化」したとまでは言えない。

3．学校体系の課題

　最初に述べたように，学校体系は縦の系統性と横の段階性とによって成り立っている。ここから課題を導き出すこともできる。すなわち，縦の系統性については，学校系統間のつながりに関する統合（インテグレーション）という課題，横の段階性については，各学校段階間のつながりに関する接続（アーティキュレーション）の課題が生じる。現在の学校体系では，普通教育と特別支援教育を分けずに統合教育で実施する，あるいは，普通教育と職業教育（専門教育）を含んだ形で総合制高等学校を造るなどは統合（インテグレーション）の課題である。一方，小学校（6年制），中学校（3年制），高等学校（3年制），大学（4年制）の6・3・3・4制が基本であるが，この学校段階の見直しや入試制度をどうするかといったことが接続（アーティキュレーション）の課題となる。

　例えば，中等教育学校は中学校から高等学校への接続の課題として挙げられてきた高校受験をなくし，6年間で一貫した教育を施すことができる。しかし9年制の義務教育学校が創設された今日，前期の中等教育段階は，中学校の他に中等教育学校と義務教育学校が並立した形になり，特にともに一貫教育を施す中等教育学校と義務教育学校は制度的な整合性が問われている。

参考文献
教育制度研究会編（2011）『要説教育制度』学術図書出版社。
藤井穂高編著（2018）『教育の法と制度』ミネルヴァ書房。

（藤井穂高）

Q 13 戦後の学制改革について述べなさい

1. 戦前の教育

　第2次世界大戦後の日本の教育改革は、現在の教育制度の基盤を築いたという意味で極めて重要である。が、それを理解するためには、戦前との対比がわかりやすい。そこで最初に、戦前の教育の姿を簡単に描いておきたい。

　わが国の近代教育制度は、1872（明治5）年の「学制」に始まる。それは全国の府県を8の大学区に分け、1つの大学区を32の中学区に、さらに1つの中学区を210の小学区に分け、それぞれに大学校、中学校、小学校を配置するという計画であった（したがって、小学校の数は8×32×210＝5万3760校）。しかしこの計画は制度の創設期においてはあまりに壮大であり、実現するに至らなかった。

　教育に関する法制度が整えられるのは、初代文部大臣森有礼のもとで、小学校令、中学校令、師範学校令、帝国大学令が出される1886（明治19）年のころである。1889（明治22）年には大日本帝国憲法が発布される。同憲法には教育に関する条項はなかったが、教育は納税、兵役とともに「臣民」の3大義務の1つに位置づけられることになる。翌年1890（明治23）年には「教育ニ関スル勅語」が発布され、教育の源を天皇中心の国体に置き、儒教的な道徳を中心とする戦前の教育理念が確定する。

　1899（明治32）年には、中学校令の改正、実業学校令、高等女学校令の公布により、中等教育制度が整えられる。ただし、男子の中学校と女子の高等女学校、普通教育を行う中学校と職業教育を行う実業学校が並立し、しかも中学校のみが高等教育に接続するという仕組みであり、ここに複線型の学校体系が確立する。

　一方、小学校については、1900（明治33）年の小学校令改正に伴い、尋常小学校は4年と定められるとともに、義務教育の年限もこの4年とされ、併せて授業料の無償化も実現した。1907（明治40）年には小学校令が再び改正され、尋常小学校が6年になり、義務教育年限も6年に延長された。こ

の時期までに小学校の就学率も高まり，戦前の義務教育制度も整えられる。

　戦前の昭和期には，1939（昭和14）年に青年学校令が，1941（昭和16）年には国民学校令が，1943（昭和18）年には中等学校令がそれぞれ公布されるが，第2次世界大戦により制度化は実質的には頓挫することになる。

２. 戦後の学制改革

　1945（昭和20）年に終戦を迎えた後，1946年に米国教育使節団が来日し，教育改革の勧告を行い，それを受けたわが国の教育刷新委員会が戦後教育改革を構想した。1946年には，主権在民，平和主義，基本的人権の尊重を基本原則とする日本国憲法が公布され，初めて憲法により教育を受ける権利が保障される。同法第26条は，「すべて国民は，法律の定めるところにより，その能力に応じて，ひとしく教育を受ける権利を有する」と定めている。翌1947（昭和22）年には，教育基本法が制定される。同法は，第1条において，教育の目的として，「教育は，人格の完成をめざし，平和的な国家及び社会の形成者として，真理と正義を愛し，個人の価値をたつとび，勤労と責任を重んじ，自主的精神に充ちた心身とも健康な国民の育成を期して行われなければならない」と定めた。また，教育の機会均等，男女共学を謳うとともに，教育行政については「教育は，不当な支配に服することなく，国民全体に対し直接に責任を負って行われるべきものである。」と定め，戦前の色彩を一掃した。

　1947年には，日本国憲法，教育基本法の理念を学校教育の制度において実現すべく，学校教育法も制定される。同法は，従来の複線型の学校体系を改め，6（小学校）・3（中学校）・3（高等学校）・4（大学）制を基本とする単線型にするとともに，各学校の民主的な教育目的・目標を明示した。また，3年制の中学校を設け，義務教育の年限を9年間に延長した。さらに，従来の中央集権的な教育行政制度を改革し，教育行政の地方分権の方向を示すなど教育の自主性尊重を明確にした。併せて，男女差別の撤廃，障害者就学義務制なども定めた。

　1948（昭23）年に成立した教育委員会法では，戦前の国家主義的・中央集

権的な教育行政を抜本的に改革し，教育行政の民主的・地方分権的性格を確立するとともに，一般行政からの独立が図られた。具体的には，公正な民意により，地方の実情に即した教育行政を行うため「教育委員会」を創設するとともに，教育委員は民意を反映させるため公選によるものとされた。

1949（昭24）年には，学校教育と並ぶ教育の分野としての社会教育を確立するため，国と地方公共団体の役割を示す社会教育法が制定され，人々の自発的な学習を支える礎となった。

戦後の学制改革にかかる主な法律を一覧にすると次のとおりである。

表2-13-1　戦後の学制改革にかかる主な法律

1946（昭21）年	日本国憲法
1947（昭22）年	教育基本法，学校教育法
1948（昭23）年	教育委員会法
1949（昭24）年	文部省設置法，私立学校法，教育職員免許法，教育公務員特例法，社会教育法

(筆者作成)

こうした法律の制定を通して，戦後教育改革期には，義務としての教育から権利としての教育へ，教育勅語の忠君愛国から教育基本法の「人格の完成」へ，複線型学校体系から単線型学校体系へ，中央集権の教育行政から地方自治の尊重へと原理的な転換が図られるとともに，教育の機会均等，学問の自由の尊重，男女平等の原則も確立した。

その後，1950年代に入ると，いわゆる「55年体制」のもと，1956（昭和31）年には教育委員会法が廃止されるとともに，地方教育行政の組織及び運営に関する法律が制定され，1958（昭和33）年から学習指導要領の告示化なども進められることになる。

参考文献

大田尭編著（1978）『戦後日本教育史』岩波書店。

堀尾輝久他編（1996）『日本の学校の50年』柏書房。

海後宗臣監修（1975）『教育改革』（「戦後日本の教育改革」第1巻）東京大学出版会。

(藤井穂高)

Q 14　幼児教育制度について述べなさい

1．幼児教育制度における教育・保育の場

　日本における現在の幼児教育制度は，とても複雑である。一般的に幼稚園と保育所が主たるものとしてイメージされるが，今はそれだけではない。2006（平成18）年10月からは幼稚園・保育所の機能を一体的に提供する認定こども園が制度化され，さらに2015（平成27）年度から開始された子ども・子育て支援新制度においては，地域型保育も制度化された。つまり，現在の幼児教育制度において，乳幼児期の子どもたちが教育・保育を受ける場は以下の4つがある。

（1）幼稚園

　幼稚園は，学校教育法第1条に示される学校の一種である。「義務教育及びその後の教育の基礎を培うものとして，幼児を保育し，幼児の健やかな成長のために適当な環境を与えて，その心身の発達を助長すること」（学校教育法第22条）を目的として幼稚園教育が営まれる。その目的を達成するために，健康に関する基本的習慣や自主・自立の精神等の芽生え，表現力の芽生えなど5つの目標が掲げられている（同法第23条）。幼稚園教育の対象となるのは「満3歳から，小学校就学の始期に達するまでの幼児」（同法第26条）である。

　幼稚園は学校であるとはいえ，小学校以降で行われるような教科学習があるわけではない。文部科学大臣が告示する「幼稚園教育要領」に示される5つの領域（健康・人間関係・環境・言葉・表現）のねらい・内容を踏まえ教育課程を編成し，豊かな遊びを中心に展開されるのが幼稚園における教育である。

（2）保育所

　保育所は，児童福祉法第7条に定められる児童福祉施設の一種である。その目的は「保育を必要とする乳児・幼児を日々保護者の下から通わせて保育

を行うこと」であり（児童福祉法第39条），「養護及び教育を一体的に行うことを特性」としている（保育所保育指針第1章総則）。「保育を必要とする」事由には，就労や親族の介護・看護，学業，妊娠・出産，災害復旧，虐待・DVなどが含まれ，居住する市町村へ申請し認可されれば保育所への入所が認められる。対象となる乳児とは「満一歳に満たない者」，幼児とは「満一歳から，小学校就学の始期に達するまでの者」である（児童福祉法第4条）。

　保育所における保育内容は，厚生労働大臣が告示する「保育所保育指針」によって定められる。幼稚園教育との整合性を踏まえ，3歳児以上は健康・人間関係・環境・言葉・表現の5領域から保育内容を構成することとされている。ただし，乳児についてはその発達の特徴を踏まえて，身体的発達に関する視点「健やかに伸び伸びと育つ」，社会的発達に関する視点「身近な人と気持ちが通じ合う」及び精神的発達に関する視点「身近なものと関わり感性が育つ」の3点がねらい及び内容として示されている。

（3）認定こども園

　既述のように，幼稚園と保育所はそれぞれ別の目的を有し制度設計され営まれてきた。しかし，共働き世帯の増加，少子化，家庭・地域の環境の変化などに伴う保育ニーズは多様化し，既存の仕組みでは対応しきれない状況が生まれた。とりわけ，保育所保育に対するニーズは年々増していき，保育の必要性が認可されているにもかかわらず保育所へわが子を預けることができない「待機児童問題」が深刻化した。その状況を打破するべく，子育て世帯がより利用しやすいことをコンセプトとし，幼稚園教育と保育所保育を一体的に行う場として制度化されたのが認定こども園である。認定こども園には，以下の4つのタイプがある。

①幼保連携型：幼稚園と保育所の機能両方を併せ持つ施設である。子ども・子育て支援新制度により，幼保連携型認定こども園は法的にも学校・児童福祉施設両方の位置づけがされることとなった。

②幼稚園型：0〜2歳児に対して保育を行う等，保育所の機能を認められた幼稚園。

③保育所型：3歳児以上に対し，幼児教育を行う機能を認められた保育所。

④地域裁量型：収容人数や敷地面積等，国が定める基準を満たしていないものの，実情に応じて各自治体が承認した認定こども園。

　認定こども園での教育・保育内容については，「幼保連携型認定こども園教育・保育要領」に定められる。基本的には，幼稚園・保育所で行われる教育・保育との整合性を踏まえ，同等の内容から成っている。ただし，園児の在園時間の異なりやそれに伴う生活リズムへの配慮等，認定こども園として特に留意すべき事項が示され，それらを踏まえ園の教育・保育課程を編成していくことを求めている。

（4）地域型保育

　待機児童の解消を含め，多様な保育ニーズに対応するために，2015（平成27）年度開始の子ども・子育て支援新制度において新たに制度化されたのが，地域型保育である。これは，既存の認可外保育事業を国の保育制度の中に取り組むものであり，保育所よりも少人数（20人以下）で，0～2歳を対象に保育を行われる。利用者は，以下の4つの類型からそれぞれのニーズに応じて選択することとなっている。

①家庭的保育（保育ママ）：家庭的な雰囲気のもとで，少人数（定員5人以下）を対象にきめ細かな保育を行う。

②小規模保育：少人数（定員6～19人）を対象に，家庭的保育に近い雰囲気のもと，きめ細かな保育を行う。

③事業所内保育：会社の事業所の保育施設などで，従業員の子どもと地域の子どもを一緒に保育する。

④居宅訪問型保育：障害・疾患などで個別のケアが必要な場合や，施設が無くなった地域で保育を維持する必要がある場合などに，保護者の自宅で1対1による保育を行う。

2．幼児教育制度をめぐる諸課題

　以上のように，幼児教育制度は多様になっており，特に保育所や認定こども園，地域型保育の数は保育ニーズの高まりを受けて年々増え続けている

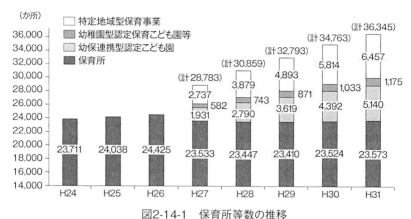

図2-14-1　保育所等数の推移

（出典：厚生労働省（2019）「保育所等関連状況取りまとめ」（平成31年4月1日））

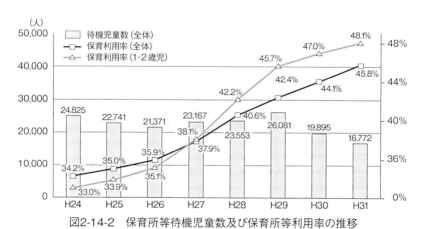

図2-14-2　保育所等待機児童数及び保育所等利用率の推移

（出典：厚生労働省（2019）「保育所等関連状況取りまとめ」（平成31年4月1日））

（図2-14-1）。しかしながら，待機児童問題は今も解決していない（図2-14-2）。その原因の一つは，保育者不足にある。いくら場を作っても，そこで子どもを教育・保育する人がいなければ何もできない。処遇や職務状況の改善を含め，取り組むべき課題は多い。

　2019（令和元）年10月からは，子育て世帯の負担軽減を目的とした幼児教育・保育の無償化が開始された。具体的には，幼稚園・保育所・認定こども園を利用する全ての3〜5歳児の保育料は無料となった。ただし，子ども・子育て支援新制度の対象外の幼稚園は月額2.57万円までと上限が設定されている。0〜2歳児の保育料は，住民税非課税世帯が無償の対象となった。

　幼稚園の預かり保育についても，最大月額1.13万円までは無料となった。また，認可外保育施設も無償化の対象となり，3〜5歳児は月額3.7万円まで，0〜2歳児は月額4.2万円まで無償となった。さらに，就学前の障害児が発達支援のための施設を利用する際の利用料についても無償となった。

　これらの無償化政策に対して子育て世帯からは歓迎の声があがる一方，無償化に伴い現場の業務が増えることが懸念される。実際に，様々な事務作業が増え，多忙化に拍車がかかっているとの報道も散見される。そのような状況が離職者の増加や幼稚園教諭・保育士の希望者の減少につながり，保育者不足にさらに拍車がかかることも危惧される。さらに，無償化によって子育て世帯の潜在的な保育ニーズを喚起し，待機児童がさらに増加する可能性もある。

参考文献

伊藤良高（2014）『幼児教育行政学』晃洋書房。

近藤幹生（2014）『保育とは何か』岩波新書。

内閣府・文部科学省・厚生労働省（2016）「子ども・子育て支援新制度なるほどBOOK（平成28年4月改訂版）」。

日本保育学会編（2016）『保育学講座2 保育を支えるしくみ制度と行政』東京大学出版会。

（黒木貴人）

Q 15 義務教育制度について述べなさい

1. 義務教育制度の「義務」とは

　義務教育制度の「義務」は，具体的に誰に対しての義務なのだろうか。これは，保護者，国及び地方公共団体に対して課せられていると捉えることが重要である。そしてその義務は，単に子どもを学校に「行かせる」ためにあるのではなく，「子どもが学校に行くことを保障する」ためにある。つまり，日本国憲法に示された子ども各々が有する「教育を受ける権利」を保障するためにあるのが，義務教育制度である。

（1）保護者の義務

　日本国憲法第26条1項及び教育基本法第5条第1項では，国民（保護者）に対してその保護する子女に「普通教育を受けさせる義務」を課している。そして学校教育法では，保護者は子どもが満6歳〜満15歳に至るまでの9年間，普通教育を受けさせる義務，小学校・中学校へ通わせる義務（就学義務）を負うこととされている（学校教育法第16条・第17条）。

（2）国及び地方公共団体の義務

　国及び地方公共団体は義務教育の機会の保障，水準の確保及び実施に責任を負うことになっている（教育基本法第5条第3項）。具体的には，学校設置を行うことによりその務めを果たすこととなっている（学校設置義務）。すなわち，市町村は保護者が子どもを通わせるための小学校・中学校を設置しなければならない（学校教育法第38条・第49条）。そして，障害を有するものを就学させるに必要な特別支援学校は，都道府県が設置することとなっている（同法第80条）。

　また，保護者が適切な時期に子どもを就学させることができるよう，市町村教育委員会は当該市町村の区域内に住所を有する学齢児童及び学齢生徒に関する学齢簿を編製することとなっている（学校教育法施行令第1条）。さらに，経済的理由等で就学困難な児童生徒及び保護者に対しては必要な援助

を行い，教育の機会が等しく保障されることを求めている（学校教育法第19条）。

　以上を改めて整理すると，子どもの「教育を受ける権利」を保障するために，国及び地方公共団体の責任のもとに義務教育としての普通教育を提供する学校を整備し，就学義務規定に基づき保護者が子どもに対して満6歳から9年間に亘り普通教育を受けさせる＝適切な学校へ通わせることが，日本における現在の義務教育制度であると言える。

2．義務教育の目的及び義務教育を行う場としての小学校・中学校

（1）義務教育の目的

　日本国憲法等で示される「普通教育」は，特定の職業や専門的分野に特化した教育ではなく，国民として共通に身に付けるべき基本的な知識や技能を授ける教育であると捉えることができる。そして，義務教育として行われる普通教育は「各個人の有する能力を伸ばしつつ社会において自立的に生きる基礎を培い，また，国家及び社会の形成者として必要とされる基本的な資質を養うこと」（教育基本法第5条第2項）を目的として行われることとされている。この目的を実現するために，社会形成への参画及び発展へ寄与する態度を養うこと，など10の義務教育の目標が掲げられている（学校教育法第21条）。

　その上で，「義務教育として行われる普通教育」は主として小学校・中学校において行われる。他にも義務教育学校や中等教育学校，特別支援学校においても行われるが，それらは別のQで詳しく触れられているため，そちらを参照されたい。以下，小学校・中学校それぞれの概要について整理する。

（2）小学校

　小学校は，義務教育として行われる普通教育のうち基礎的なものを施すことを目的としている（学校教育法第29条）。修業年限は6年間であり，学校教育法第21条に掲げられた10の目標を達成するように行われることが求められている。その際，児童が生涯にわたり学習する基盤が培われるよう，主

体的に学習に取り組み態度を養うことに特に意を用いることとされている（同法第30条）。加えて、ボランティア活動や社会奉仕体験活動などの充実に努める中で目標達成に資するよう求めている（同法第31条）。

　小学校における教育課程は、国語、社会、算数、理科、生活、音楽、図画工作、家庭及び体育の各教科、道徳、外国語活動、総合的な学習の時間並びに特別活動によって編成される（学校教育法施行規則第50条）。なお、2017（平成28）年改訂学習指導要領により、外国語が第5・6学年の新たな教科に加わる。これまで行われてきた外国語活動は、第3・4学年に前倒しして行われることとなる。各教科等の授業時数（2020（令和2）年度〜）は表2-15-1の通りである。外国語活動開始の低学年化及び外国語の教科化に伴い、全体的な授業時数は純増することとなった。

表2-15-1　小学校各教科等の授業時数（2020（令和2）年度〜）

区分		第1学年	第2学年	第3学年	第4学年	第5学年	第6学年
各教科の授業時数	国語	306	315	245	245	175	175
	社会			70	90	100	105
	算数	136	175	175	175	175	175
	理科			90	105	105	105
	生活	102	105				
	音楽	68	70	60	60	50	50
	図画工作	68	70	60	60	50	50
	家庭					60	55
	体育	102	105	105	105	90	90
	外国語					70	70
特別の教科である道徳の授業時数		34	35	35	35	35	35
外国語活動の授業時数				35	35		
総合的な学習の時間の授業時数				70	70	70	70
特別活動の授業時数		34	35	35	35	35	35
総授業時数		850	910	980	1015	1015	1015

（出典：文部科学省（2017）「学校教育法施行規則の一部を改正する省令」より筆者作成）

（3）中学校

　中学校は、小学校における教育の基礎の上に、心身の発達に応じて、義務教育として行われる普通教育を施すことを目的としている（学校教育法第

45条）。修業年限は3年間で，小学校と同じく，多様な体験を充実させながら学校教育法第21条に掲げられる10の目標を達成することが目指されている。

　中学校の教育課程は国語，社会，数学，理科，音楽，美術，保健体育，技術・家庭及び外国語の各教科，道徳，総合的な学習の時間並びに特別活動によって編成される（学校教育法施行規則第72条）。各教科等の授業時数（2021（令和3）年度〜）は表2-15-2の通りである。なお，中学校における部活動は教育課程外の活動に位置づけられるが，学校教育の一環として教育課程との関連が図られることが求められている。

表2-15-2　中学校各教科等の授業時数（2021（令和3）年度〜）

区分		第1学年	第2学年	第3学年
各教科の授業時数	国語	140	140	105
	社会	105	105	140
	数学	140	105	140
	理科	105	140	140
	音楽	45	35	35
	美術	45	35	35
	保健体育	105	105	105
	技術・家庭	70	70	35
	外国語	140	140	140
特別の教科である道徳の授業時数		35	35	35
総合的な学習の時間の授業時数		50	70	70
特別活動の授業時数		35	35	35
総授業時数		1015	1015	1015

（出典：文部科学省（2017）「学校教育法施行規則の一部を改正する省令」より筆者作成）

3．これからの義務教育制度を考えるために

　戦後の日本における義務教育は，一貫して学校という場で行われることを前提としてきた。しかし，何らかの事情で学校に通うことができない不登校児童生徒はかねてより存在した。文部科学省の調査によれば，2018（平成30）年現在における不登校児童生徒は全国に16万人以上いるとされる。彼らの教育を受ける権利をいかに保障するか，という点については今後さらに問われて行かなければならないだろう。2016（平成28）年12月には，「義務

教育の段階における普通教育に相当する教育の機会の確保等に関する法律」（普通教育機会確保法）が成立した。同法は不登校児童生徒の「休養の必要性」を法的に認め，「学校以外の場」において教育を受ける権利の保障がなされていくことの重要性を指摘している。

　ここで言う「学校以外の場」とは，フリースクールや各家庭などが含まれる。同法の立法過程においては，それらにおける学習も義務教育として広く認められることを求めていたが，「学校に行かないことを助長するのでは」との反対意見もあり，この点は見送られる形で法律の成立に至った。なお，在籍する小中学校を長期欠席し，フリースクール等の学校外教育施設に通う児童生徒については，在籍する学校長の判断で「出席扱い」とし，卒業が認められることとなっている。

　前述の通り，義務教育が行われる場は学校であるとの前提のもと，不登校児童生徒に対する指導は学校へ戻すことに主眼が置かれてきた。普通教育機会確保法は，そのような前提を転換し，必ずしも学校へ引き戻す必要がないことを法的に明記している。その点で，義務教育の今後の在り方についても大きな変化を求めるものということができる。今後，普通教育機会確保法に基づく施策がいかに進められるかが注目される。

参考文献

木村元（2015）『学校の戦後史』岩波新書。

小桐間徳（2017）「第6章義務教育制度」内山絵美子・山田知代・坂田仰編『保育者・小学校教員のための教育制度論』教育開発研究所，pp.64-75。

坂野慎二・湯藤定宗・福本みちよ編（2017）『学校教育制度概論』玉川大学出版部。

牛尾直行（2018）「第6章義務教育」藤井穂高編『教育の法と制度』ミネルヴァ書房，pp.85-98。

（黒木貴人）

Q16　義務教育学校について述べなさい

1．義務教育学校の制度化とその背景

（1）義務教育学校の制度概要

　義務教育学校は，2016（平成28）年4月より学校教育法第1条の中に新たに加わった学校の一種である。義務教育学校は「心身の発達に応じて，義務教育として行われる普通教育を基礎的なものから一貫して施すこと」（学校教育法第49条の2）を目的としている。すなわち，9年間の義務教育を一貫して行う学校である。その9年間は転入出する児童生徒がいることへの配慮等から，前期6年の前期課程及び後期3年の後期課程に区分され，小学校・中学校の学習指導要領を準用して教育課程が編成される。ただし，各義務教育学校においては4－3－2制や5－4制などに学年段階を区切り，9年間の教育を柔軟に営むことが可能である。教員は原則小学校・中学校の両教員免許を併有することとなっている。ただし，当分の間はどちらかの教員免許のみしか有しない場合でも，前期6年課程及び後期3年課程の指導が可能となっている。

（2）制度化の背景

　義務教育学校が制度化された背景には，小学校・中学校の接続にかかる課題がある。小学校と中学校は，教科担任制など様々な違いがあり，それに伴う学習へのつまずきや学校環境への不適応により不登校が増加するなど，かねてから課題が指摘されてきた。2000年代に入ると，研究開発学校や構造改革特別区域の制度を利用して小中学校間の接続及び一貫教育についての実験的取組が各所で行われるようになった。それらの成果を踏まえ，2005年の中央教育審議会答申「新しい時代の義務教育を創造する」において「設置者の判断で9年制の義務教育学校を設置することの可能性やカリキュラム区分の弾力化など，学校種間の連携・接続を改善するための仕組みについて種々の観点に配慮しつつ十分に検討する必要」があることが提言された。そ

表2-16-1　小中一貫教育に関する制度の類型

	義務教育学校
設置者	―
修業年限	9年 （前期課程6年＋後期課程3年）
組織・運営	一人の校長，一つの教職員組織
免許	原則小学校・中学校の両免許状を併有 ※当分の間は小学校免許状で前期課程，中学校免許状で後期課程の指導が可能
教育課程	・9年間の教育目標の ・9年間の系統性・体
教育課程の特例 一貫教育に必要な独自教科の設定	○
教育課程の特例 指導内容の入替え・移行	○
施設形態	施設一体型・
設置基準	前期課程は小学校設置基準，後期課程は中学校設置基準を準用
標準規模	18学級以上27学級以下
通学距離	おおむね6km以内
設置手続き	市町村の条例

（出典：文部科学省（2018）「小中一貫教育の導入状況調査の結果」）

の後，2008（平成20）年に策定された第一次教育振興基本計画において「6－3－3－4制の弾力化」についての検討が含まれるなど，幼児教育や高等教育を含め学校種間の連携・接続に関する議論は継続されてきた。そして2014（平成26）年12月の中教審答申「子供の発達や学習者の意欲・能力等に

小中一貫型小学校・中学校	
中学校併設型小学校 小学校併設型中学校	中学校連携型小学校 小学校連携型中学校
同一の設置者	異なる設置者
小学校6年，中学校3年	
それぞれの学校に校長，教職員組織	
小学校と中学校における教育を一貫して施すためにふさわしい運営の仕組みを整えることが要件 例）①関係校を一体的にマネジメントする組織を設け，学校間の総合調整を担う校長を定め，必要な権限を教育委員会から委任する ②学校運営協議会を関係校に合同で設置し，一体的な教育課程の編成に関する基本的な方針を承認 する手続を明確にする ③一体的なマネジメントを可能とする観点から，小学校と中学校の管理職を含め全教職員を併任させる	中学校併設型小学校と小学校併設型中学校を参考に，適切な運営体制を整備すること
所属する学校の免許状を保有していること	
設定 系性に配慮がなされている教育課程の編成	
○	○
○	×
施設隣接型・施設分離型	
小学校には小学校設置基準，中学校には中学校設置基準を適用	
小学校，中学校それぞれ12学級以上18学級以下	
小学校はおおむね4km以内，中学校はおおむね6km以内	
市町村教育委員会の規則等	

応じた柔軟かつ効果的な教育システムの構築について」において小中一貫教育制度設計の基本的方向性が示され，2015（平成27）年6月の学校教育法改正により義務教育学校が1条校に加わることとなった。

　なお，義務教育学校とともに「小中一貫型小学校・中学校」も同時に制度

化された。その違いは表2-16-1の通りである。いずれも9年間を通した教育目標の設定，教育課程の編成を行い，小中一貫教育を行うという点は共通している。しかしながら，義務教育学校が1つの校長，1つの教職員組織で運営されるのに対し，小中一貫型小学校・中学校はそれぞれの学校に校長・教職員組織を有する。つまり，義務教育学校は1つの学校としての組織として一貫しているのに対し，小中一貫型小学校・中学校はそれぞれ独立した小学校と中学校が一貫した教育を行う形態となっている。

2．義務教育学校の現状とこれから

（1）設置状況

　2019（令和元）年度現在，義務教育学校は全国に94校ある。2016（平成28）年の制度開始直後に開校した22校から毎年着実に増加しているが，同年2月時点の文部科学省の調査では2019（令和元）年度までに全国で計113校の開校が予定されていた。その数字からすると，やや低調な様子が見られる。ただし，過疎地域における学校の生き残り策として義務教育学校が導入されたり，または導入が検討されたりしている事例も散見される。子どもの教育を受ける権利の保障という観点からすれば，このような選択は制度をうまく活用した地域住民の智慧と見ることもできる。実際，小学校と中学校が1つの学校となることにより，地域結束の促進，地域と学校の連携強化，学校施設整備に伴う地域再開発による地域活性化などの効果も見られている例もある。一方で，既存の小中学校を学校主導で義務教育学校化していく際に，地域住民から「何が変わるのか？」と疑問の声が出るケースも見られる。

（2）学年段階の区切り

　また，義務教育学校は9年間の教育を一体的に捉え，学年段階の区切りを各学校が独自に定められるというのが大きな特徴である。2017（平成29）年度時点での調査では，設置予定の学校を含めて57％が4－3－2制（前期4年・中期3年・後期2年）としている。次いで従来の6－3制が18％となっている。これまでに行われてきている各種調査によれば，小中一貫科目の導

入や小学校段階・中学校段階の学習指導を柔軟に設定することにより，児童生徒の学習がスムーズになったという事例も多い。一方で，教科担任制をどこまで拡大するべきか，部活動の参加をどこまで認めるか等，小中の学校文化の違いから来る課題も種々見られるようである。

　いずれにしても，義務教育学校の導入はこれまでの固定化された6‐3制義務教育の見直しを図る大きな契機になり得る。国の政策動向に目を向けると，2019（平成31）年4月に中央教育審議会に対して「新しい時代の初等中等教育の在り方について」が諮問された。その中で求められている審議内容は多岐に亘るが，義務教育については義務教育9年間を見通した教科担任制の在り方などについて審議が求められている。同年12月には論点の取りまとめが示され，その中では小学校高学年からの教科担任制の本格導入が提案されている。また，それに伴う教員免許制度の改革も議論の対象となることが示されている。これらの議論が進められていく上で，義務教育学校における実践がどのような功罪を生み出しているのかを正しく検証していくことがますます重要になってくると言えよう。

参考文献

樋口修資（2016）「教育政策論からみる『義務教育学校』制度化への批判的考察」『明星大学研究紀要』第6号，pp.1-17。

大谷奨（2018）「学校制度に関する諸改革」日本教育経営学会編『講座現代の教育経営1　現代教育改革と教育経営』学文社，pp.98-108。

坂野慎二・湯藤定宗・福本みちよ編（2017）『学校教育制度概論』玉川大学出版会。

屋敷和佳（2018）「小中高一貫の学校間ネットワークと義務教育学校経営の課題」日本教育経営学会編『講座現代の教育経営2　現代の教育課題と教育経営』学文社，pp.157-168。

（黒木貴人）

Q17　特別支援学校制度について述べなさい

1．特別支援学校制度の概要

（1）特殊教育諸学校から特別支援学校へ

　特別支援学校は，視聴覚障害者，聴覚障害者，知的障害者，肢体不自由障害者又は病弱者（身体虚弱者を含む）に対し，幼稚園，小学校，中学校，高等学校に準ずる教育を施すものとされる（学校教育法第72条）。その目的は，障害による学習上又は生活上の困難を克服し自立を図るために必要な知識技能を授けることである（同条）。

　従来，障害を有する児童生徒を対象とする教育は「特殊教育」として行われ，障害種別に盲学校・聾学校・養護学校が設置されてきた。しかし，1990年代後半になると障害の重度・重複化の傾向が顕著になり，障害種別の専門教育のみならず，各人の教育ニーズに合わせた対応がますます求められるようになってきた。そのような状況を踏まえ，2007（平成19）年4月の学校教育法改正により「特殊教育」は「特別支援教育」に改められ，上述の特殊教育諸学校が「特別支援学校」として一本化された。ただし，各特別支援学校は上述の法律に定められた障害種のうち，どれを対象に教育を行うかを明らかとすることとなっている（同法第73条）。

　義務教育段階にあたる小学部及び中学部は必置となっている（同法第76条）。加えて，必要に応じて幼稚部や高等部を置くこともできる。また，特別な場合は小学部・中学部・幼稚部・高等部のいずれかのみを置くことも可能となっている（同法第76条第2項）。

（2）特別支援学校の教育課程

　特別支援学校における教育課程は，基本的には小学校・中学校・高校に準じているが，独自のものとして「自立活動」が含まれる（学校教育法施行規則第126～129条）。「自立活動」は，「個々の児童又は生徒が自立を目指し，障害による学習上又は生活上の困難を主体的に改善・克服するために必要な

知識，技能，態度及び習慣を養い，もって心身の調和的発達の基盤を培う」ことを目標として行われる（特別支援学校小学部・中学部学習指導要領第7章自立活動）。その内容は，①健康の保持，②心理的な安定，③人間関係の形成，④環境の把握，⑤身体の動き，⑥コミュニケーションから成る。これらを相互に関連付け，具体的な指導目標・指導内容を個別の指導計画として作成することになっている。

　なお，児童生徒の障害の状況等により，教科や特別活動を合わせて実施したり，特別な教育課程を編成したりすることも可能となっている（学校教育法施行規則第130・131条）。また，検定教科書以外の適切な教科用図書を使用することも可能となっている（同施行規則第131条第2項）。特に，障害の種類や程度に応じて多様なコンテンツを利用できるデジタル教材は特別支援教育の場で広く活用されている。

（3）特別支援教育のセンター的機能

　特別支援学校は，当該学校が培ってきた専門性を自校内のみで発揮するに留まらない。幼稚園，小学校，中学校，義務教育学校，高等学校又は中等教育学校の要請に応じて，必要な助言又は援助を行うことが努力義務として規定されている（学校教育法第74条）。具体的には，次の6つの機能を果たしていくことが求められている。

　①小・中学校等の教員への支援機能
　②特別支援教育等に関する相談・情報提供機能
　③障害のある幼児児童生徒への指導・支援機能
　④福祉，医療，労働などの関係機関等との連絡・調整機能
　⑤小・中学校等の教員に対する研修協力機能
　⑥障害のある幼児児童生徒への施設設備等の提供機能

　特別支援教育においては，従来特殊教育の対象となってきた障害に加え，LD（発達障害），ADHD（注意欠陥・多動性障害），高機能自閉症を有する児童生徒についても対象となった。それらの児童生徒は，小学校・中学校に設けられた特別支援学級や通常学級に在籍することも少なくない。地域にある様々な資源を活用し，各学校に学ぶ子どもが適切な合理的配慮のもとで学ぶ

ことができるよう，専門性を発揮しながら特別支援教育をリードする役割が
特別支援学校には期待されているのである。特別支援学校の多くは，セン
ター的機能を果たすための分掌・組織を設けており，そこを中心として各種
機関や家庭との連携や助言，援助に当たっている。

2．特別支援学校の現状と課題

（1）特別支援学校の普及・不足

　特別支援学校は2019（令和元）年度現在，全国に1,146校設置されている。
在籍者数は約14万人で，特殊教育から特別支援教育へ移行して以降，毎年
増加している。これは特別支援学校に対する一般的な認識や理解が進んだ結
果と捉えられる一方で，利用者の急増に伴う教室不足も深刻化している。国
は既存の学校を改修するための補助金の割合を増やすなど対策を講じている
が，2019（令和元）年度現在においても全国で約3,000の教室が不足してい
る状況にある。

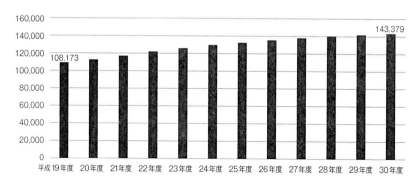

図2-17-1　特別支援学校の在籍者数の推移
（文部科学省（2018）「特別支援教育資料（平成30年度）第1部データ編」を元に筆者作成）

（2）特別支援学校教諭免許の保有率

　特別支援学校で勤める教員には，特別支援学校の教員免許状に加え，特別
支援学校の各部に相当する学校教員の免許状を有することが求められている

（教育職員免許法第 3 条第 3 項）。ただし，当分の間は，各学校種の教員免許状を有する者は，特別支援学校の教員免許状を所有していなくても，所有免許状の学校種に相当する各部の教員となることが可能となっている（同法附則第 16 条関係）。2018（平成 30）年度現在で，特別支援学校の教員のうち，当該障害種の免許状を有している割合は約 8 割となっており，年々増加しているものの全員の保有にはなっていない（図2-17-2）。多様な教育ニーズを有する児童生徒に対する専門的・合理的な指導をよりきめ細やかに行うためにも，保有率のさらなる向上が望まれる。

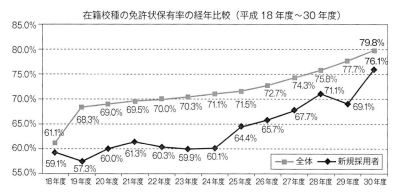

図2-17-2　特別支援学校における特別支援学校教諭等免許状の保有状況の経年比較

（出典：文部科学省(2019)「平成30 年度特別支援学校教員の特別支援学校教諭等免許状保有状況等調査結果の概要(平成31年4月)」）

参考文献

中央教育審議会（2005）「特別支援教育を推進するための制度の在り方について（答申）」

柘植雅義・渡部匡隆・二宮信一・納富恵子編（2014）『はじめての特別支援教育』有斐閣アルマ。

筑波大学特別支援教育研究センター・斎藤佐和・四日市章編（2016）『特別支援教育の基礎理論』教育出版。

（黒木貴人）

Q 18　高等学校制度について述べなさい

1. 高度な普通教育と専門教育を行う学校

　高等学校（高校）は，中学校に続いて設置されている学校である。その目的は，「心身の発達及び進路に応じて，高度な普通教育及び専門教育を施すこと」（学校教育法第50条）である。

　高等学校に注目が集まるイベントといえば，夏の高校野球であろう。トーナメント戦で行われるため，一試合でも負けたら終わりという緊張感が多くの人々を熱中させる。だが，試合に負けても選手たちの人生は終わらない。高等学校を卒業した後，プロ野球に入る人もいれば，大学に進学して野球を続ける人もいる。もちろん，それ以外の道に進むこともできる。高等学校ではいずれの進路にも対応しており，生徒たちは在学中に自分の能力や個性を伸ばして見定めるとともに，自らの進む道を決定することができる。

2. 高等学校制度の歴史

　日本の高等学校制度は，戦後に形作られた。戦前は中等教育段階の学校が教育目的や性別によって細分化されていたため，初等教育修了の段階で，大学等に進学する道と職業学校に進む（またはすぐに社会に出る）道に分かれていた。つまり，職業学校に進むことを選んだ生徒は，制度上，大学に進学することはできなかったのである。

　戦後はこうした袋小路とも言える状況が改善され，義務教育を修了したすべての生徒に開かれた後期中等教育機関として，高等学校が設けられた。希望すれば誰もが高等学校に入学できるとされ，以下のいわゆる「高校三原則」が掲げられた。
①小学区制：1校ごとに通学区が指定され，居住地によって進学する学校が決まること。通学区域内の希望者をすべて受け入れる。
②男女共学制：すべての課程や学科で男女が同じ教室で学ぶこと。

③総合制：1つの学校に普通科と職業科など多様な学科を設けること。進学や就職など，生徒の多様な進路に対応する。

　このうち，男女共学制は一部の地域を除いて維持されてきたが，小学区制と総合制は定着しなかった。また，発足当初の高等学校は希望者をすべて入学させるという理念のもと，原則として入学試験を行わないことになっていた（希望者全入制）。つまり，今日の高校入試は，もともとは行われていなかったのである。しかし，1960年代の高度経済成長期における人材育成の要求のもと，1963（昭和38）年以降，高等学校の入学に際して学力検査が行われることになった。その背景には，「高等学校の教育課程を履修できる見込みのない者をも入学させることは適当ではない」という適格者主義の考え方がある。

3．現在の高等学校制度

　その後，高等学校への進学率は上昇し，2019（平成31）年3月に中学校を卒業した生徒の進学率は98％を超えた（令和元年度学校基本調査）。現在，中学校を卒業したほぼすべての生徒が高等学校に進学しており，高等学校制度の当初の理念が形式上は実現されていると言える。

　ただし，このことは同時に，能力や適性，進路の多様な生徒たちが高等学校に進学するという状況を生み出した。生徒たちの多様なニーズに対応するため，現在の高等学校はいくつかの類型に分かれている。ここでは，学習スタイルの違い，主要教育内容の違い，学年区分の有無の点から説明する。

（1）学習スタイルの違い

　まず，学習を行う場所や時間帯など，その学習スタイルの違いによって次の3つの課程が置かれている。

①全日制：通常の時間帯（朝から夕方まで）において授業を行う。修業年限は3年間である。

②定時制：夜間など，1日のうちの短い時間帯で授業を行う。修業年限は3年以上であり，4年間での卒業が一般的である。

③通信制：通信による教育を行う。自宅での学習を基本としてレポート課

題を提出し，年間数回のスクーリング（面接授業）を行う。

　多くの生徒が通うのが全日制の高等学校である。定時制は中学校を卒業して働くなど，様々な理由で全日制の高等学校に進めない生徒を対象とする。通信制は，全日制・定時制の高等学校に通学することができない生徒に対して，通信の方法により教育を受ける機会を提供している。

（2）主な教育内容の違い

　次に，主な教育内容の違いによって，次の3つの学科に区分される。

①普通科：普通教育を主とする。

②専門学科：専門教育を主とする（農業科，工業科，商業科，水産科，家庭科，看護科，情報科，福祉科，理数科，体育科，音楽科，美術科，外国語科，国際関係科，その他専門教育を施す学科）。

③総合学科：普通教育の科目と専門教育の科目から，選択によって総合的に学ぶ。

　先述したように，戦後の高校三原則の1つである総合制は定着せず，多くの学校は普通教育を主とする普通科，あるいは専門教育を主とする専門学科となっていた。そうした中で，総合学科は普通科と専門学科に並ぶものとして，1994（平成6）年から導入された。総合学科で行われる教育の特色として，次の2点が挙げられる。1）幅広い選択科目の中から生徒が自分で科目を選択し学ぶことが可能であり，生徒の個性を生かした主体的な学習を重視すること。2）将来の職業選択を視野に入れた自己の進路への自覚を深めさせる学習を重視すること。

（3）学年区分の有無

　最後に，学年を区分するかどうかによって，次の2通りの方法がある。

①学年制：学年ごとに必要な単位数が決まっている。ある学年で定められたすべての単位を修得すれば次の学年に進級でき，最終学年が修了すると卒業が認められる。

②単位制：学年による区分が設けられていない。修業年限のなかで定められた単位を修得すれば卒業が認められる。

　高等学校ではもともと学年制のみが用いられてきた。単位制は，1988（昭

和63）年から定時制・通信制課程において導入され，1993（平成5）年からは全日制課程においても設置できることになった。単位制の高等学校の特色として次の2点が挙げられる。1）自分の学習計画に基づいて，自分の興味，関心等に応じた科目を選択し学習できること。2）学年の区分がなく，自分のペースで学習に取り組むことができること。

4．今日の課題

　戦後発足した高等学校制度は，すべての生徒に開かれた高等学校という枠組みを保ちつつ，総合学科や単位制など多様なタイプの学校を設けることによって，能力や適性，進路が多様な生徒たちのニーズに応じてきた。ただし，今日の高等学校の多様化が，生徒たちの多様なニーズに真に対応できているかという点については，今一度検討することが必要であろう。

　現在，各高等学校の間には，偏差値で表される学力によって歴然とした序列が生じている。高等学校への入学に際して，生徒たちは主に偏差値を基準として志望する学校を選び，一般により高いランクの学校をめざして受験競争が繰り広げられている。志望する学校に合格できなかった生徒は，別の学校に「不本意入学」することになるが，結果として進学した学校を中途退学するケースも少なくない。こうした問題に対応することが今日の課題である。

参考文献・URL

佐々木享（1976）『高校教育論』大月書店。

佐々木享（1979）『高校教育の展開』大月書店。

清水一彦監修，藤田晃之＋高校教育研究会（2008）『講座　日本の高校教育』学事出版。

文部科学省「令和元年度学校基本調査」2019（令和元）年12月25日。

文部科学省「高等学校教育」〈https://www.mext.go.jp/a_menu/shotou/kaikaku/main8_a2.htm〉2020年4月30日閲覧。

（福野裕美）

Q 19　中等教育学校（中高一貫教育）について述べなさい

1．中学校3年間と高等学校3年間の教育を一体的に行う学校

　中等教育学校は，従来の中学校3年間と高等学校3年間の教育を接続し，6年間の教育を一体的に行う学校である。中学校と高等学校を合わせた中高一貫教育を行うことを目的として，1999（平成11）年から導入されている。

2．中等教育学校創設の経緯

　戦後の日本において中高一貫教育の構想が最初に提起されたのは，1971（昭和46）年の中央教育審議会答申（四六答申）である。しかし，当時はエリート選別のためのコースになるという反対意見が多く，実施には移されなかった。その後は，1985（昭和60）年の臨時教育審議会第一次答申において再び六年制中等学校の創設が提言されたが，具体化には至らなかった。

　現在の中等教育学校が創設される契機となったのは，1997（平成9）年6月の中央教育審議会第二次答申「21世紀を展望した我が国の教育の在り方について」である。この答申において，中高一貫教育には受験競争の低年齢化につながるおそれがあるといった問題点があるものの，高校入試の影響を受けずにゆとりのある学校生活が送れるという利点が重視されるとして，中高一貫教育の導入が適当であることが提言された。また導入にあたって，子どもたちや保護者の選択の幅を広げるという観点から，既存の6・3・3制を一律に改めるのではなく，各自治体が選択的に行うという方針が示された。

　上記の提言を受けて，「学校教育法等の一部を改正する法律」が1998（平成10）年6月に成立した。これにより，学校教育法第1条に新たな学校の種類として中等教育学校が追加され，1999（平成11）年4月より，中高一貫教育を選択的に導入することが可能となった。

3．中高一貫教育の実施形態

　現在，中高一貫教育には，生徒や保護者のニーズに応じて設置者が適切に対応できるよう，次の3つの実施形態が設けられている。

①中等教育学校：一つの学校として，一体的に中高一貫教育を行う。

②併設型の中学校・高等学校：高校入試を行わずに，同一の設置者による中学校と高等学校を接続する。

③連携型の中学校・高等学校：異なる設置者間でも実施可能な形態であり，中学校と高等学校が，教育課程の編成や教員・生徒間交流等の連携を深めるかたちで中高一貫教育を実施する。

　中等教育学校は先述したとおり，新たに設けられた学校種である。修業年限は6年間であり，前期課程（1〜3年生）が従来の中学校，後期課程（4〜6年生）が従来の高等学校に相当する。

　残り2つは，中等教育学校よりも緩やかな形態である。併設型の中学校・高等学校は，同一の設置者（都道府県，市町村）が中学校・高等学校を併設する。例えば，県が県立中学校と県立高等学校を，市が市立中学校と市立高等学校を併設する場合が該当する。連携型の中学校・高等学校では，市町村立中学校と都道府県立高等学校といった設置者が異なる学校同士を連携させる。

　なお，中等教育学校と併設型の中学校の入学に際して，学力検査は行わないことになっている（学校教育法施行規則第110条および第117条）。これは，中高一貫教育の導入が受験競争の低年齢化をまねくという懸念に配慮した規定である。また，中等教育学校と併設型の中学校・高等学校では，6年間を通じた特色あるカリキュラムを編成することができるよう，中学校と高等学校の学習内容の入れ替えや先取りが認められている（教育課程の基準の特例）。

4．今日の課題

　令和元年度学校基本調査によると，中等教育学校の学校数は54校（国立4校，公立32校，私立18校）である。実施校が増えてきた一方で，課題も現

れている。ここでは2点を指摘する。

　第1に，中等教育学校と併設型の中学校における入学者選抜の在り方である。先述したとおり，入学に際して学力検査は行わないことになっている。そのため，現在，多くの学校ではペーパーテストなどで思考力・判断力・表現力を測る「適性検査」が行われている。しかし，受験産業ではこうした「適性検査」への対策が講じられていることもあり，入学者選抜において学力検査を行うことの是非が改めて問われている。

　第2に，高等学校段階の生徒募集の停止にまつわる問題である。例えば東京都では2005（平成17）年以降，中等教育学校5校，併設型の中学校・高等学校5校が設置されてきたが，今後は併設型の高等学校段階での生徒募集を停止する方針が示されている。これまで併設型の学校では，高等学校段階から新たに入学する生徒に対応するため，学習内容の先取りなどの中高一貫教育の特例措置を十分に活用できていない状況が生じていた。そこで，東京都では中学校段階からの入学を原則とし，6年間一貫した継続的・計画的な教育を一層推し進めていくことが望ましいと考えた。ただしその場合に，中高一貫教育ではない従来の中学校への進学を選んだ生徒にとって，高等学校進学時の選択肢が実質的に狭まるのではないかということも懸念されている。

参考文献・URL

藤井佐知子（1998）「中高一貫教育に関する一考察」『教育制度学研究』第5号，日本教育制度学会，pp.50-61。

都立中高一貫教育校検証委員会「都立中高一貫教育校検証委員会報告書」2018（平成30）年4月。

東京都教育委員会「都立高校改革推進計画・新実施計画（第二次）」2019（平成31）年2月。

文部科学省「令和元年度学校基本調査」2019（令和元）年12月25日。

文部科学省「中高一貫教育の概要」〈https://www.mext.go.jp/a_menu/shotou/ikkan/2/1316125.htm〉2020年4月30日閲覧。

（福野裕美）

Q 20　高等学校卒業程度認定試験について述べなさい

1．高等学校を卒業していない人を対象とする試験

　高等学校卒業程度認定試験は，様々な理由で高等学校を卒業できなかった人が，高等学校を卒業した人と同等以上の学力があるかどうかを認定するための試験である。一般に，「高卒認定」や「高認」と呼ばれている。この試験に合格すると，大学・短期大学・専門学校の受験資格が得られる。

2．試験の概要

　高等学校卒業程度認定試験は，16歳になる年度から受験できる。試験科目は，国語，数学，外国語（英語），地理歴史（世界史A，世界史B，日本史A，日本史B，地理A，地理B），公民（現代社会，倫理，政治・経済），理科（科学と人間生活，物理基礎，化学基礎，生物基礎，地学基礎）である。このうち，国語，数学，外国語は必修であるが，地理歴史，公民，理科については受験する科目を選択することができる。

　上記の試験科目のうち，合格に必要な科目数は受験者の選択により8科目から10科目となる。1回の試験ですべての科目に合格する必要はなく，合格した科目を累積できる。試験は年間2回（8月と11月）実施されている。

3．試験の歴史

　高等学校卒業程度認定試験の前身は大学入学資格検定（以下，大検）である。大検は1951（昭和26）年に，義務教育を修了したが高等学校に進学せず大学入学資格を持たない勤労青少年に対し，広く大学教育を受ける機会を提供するための試験として導入された。

　大検が高等学校卒業程度認定試験に変わった背景に，大学入学資格が弾力化されたことがある。2003（平成15）年9月に学校教育法施行規則が改正

され，大学の個別の入学資格審査により，高等学校を卒業した者と同等以上の学力があると認められた者を入学させることが可能になった。つまり，大学に進学する道が高等学校卒業と大検以外にも広がったのである。これを受け，大検という制度の見直しが図られることになった（西村，2008）。

2005（平成17）年に大検から名称変更された高等学校卒業程度認定試験では，全日制の高等学校在籍者も受験できるようになった。また現在，高等学校卒業程度認定試験に合格すると高等学校卒業者と同等に扱われ，一部の国家試験や採用試験の受験が可能になっている。

4．近年の動向

大検は当初，経済的な事情で高等学校に進学できなかった者に対して，試験によって大学進学の道を開く制度であった。したがって1960年代から1970年代にかけて高等学校への進学率が上昇するにつれて，大検の志願者数は減少していった。だが，1980年代以降は志願者数が急増していく。志願者数が増えた理由としては高等学校中途退学者による受験が増加したことが指摘されている（西村，2008）。

また近年では，10代のスポーツ選手が競技と学業を両立させるため，高等学校卒業程度認定試験を利用することによって短期間で高卒資格を取得した。新たな活用の仕方として注目されている。

参考文献・URL

西村史子（2008）「大学入学資格検定の変遷」『和光大学現代人間学部紀要』第1号，和光大学現代人間学部，pp.43-54.

山口教雄発行・編集（2014）「短期間で高認を取得できたぶん　ジャンプに専念する時間が持てた　スキージャンプ選手　高梨沙羅さん」『高認があるじゃん！　2014年〜2015年版』学びりんく，pp.4-7.

文部科学省「高等学校卒業程度認定試験（旧大学入学資格検定）」〈https://www.mext.go.jp/a_menu/koutou/shiken/〉2020年4月30日閲覧。

（福野裕美）

Q 21　大学制度について述べなさい

1．大学制度をめぐる法制

（1）大学制度の定義

　日本の高等教育機関には，大学，短期大学，専門職大学，専門職短期大学，高等専門学校（以下，高専），専修学校専門課程（以下，専門学校）がある。また，各省庁等が所管する大学校には学位を取得できる課程を置くものもある。これらの機関で構成された高等教育制度のうち，大学，短期大学，専門職大学，専門職短期大学については「大学制度」に分類され，高専制度や専門学校制度等とは区別される。そこで，以下では大学制度に関する法制，歴史，動向を整理する。

（2）大学制度の法規

　教育基本法第7条には「大学は，学術の中心として，高い教養と専門的能力を培うとともに，深く真理を探究して新たな知見を創造し，これらの成果を広く社会に提供することにより，社会の発展に寄与するものとする」と規定されている。また同条第2項には「大学については，自主性，自律性その他の大学における教育及び研究の特性が尊重されなければならない」と記され，大学の活動における自主性・自律性の尊重が求められている。大学に関する条項は1947（昭和22）年の制定当時は存在しなかったが，2006（平成18）年の改正で新たに加えられた。

　また，大学に関する具体的な規定は学校教育法に定められている。同法第1章総則（第1〜15条）には，学校の種類，設置者，設置基準，設置廃止等の認可・届出，管理・経費負担，授業料徴収，法令違反に対する勧告・変更・廃止，等が定められている。さらに，同法第9章大学（第83〜114条）には，大学の教育目的，学部，修業年限，入学資格，教職員，教授会，附置研究施設，所轄庁，大学院，学位授与，短期大学，自己点検評価，認証評価，教育研究活動状況の公表，などが規定されている。加えて，学校教育法施行令および学校教育法施行規則においても，大学に関する認可・届出，認証評価，

設備，編制，学部・学科，入学・卒業等について定められている。

　さらに，文部科学大臣は大学設置基準や短期大学設置基準を定めており，大学はこれを遵守することが求められる。以上に加えて，大学の設置者別に定められた法律として，国立大学法人法，地方独立行政法人法の公立大学法人に関する特例，私立学校法や私立学校振興助成法における大学関連条項などがあり，またそれらの施行令や施行規則も存在する。

2．大学制度の歴史

（1）戦前の大学制度

　大学の起源はヨーロッパ中世にあり，12世紀ごろに自然発生的に誕生したと言われる。しかし，日本において現代まで続く大学の起源となったのは明治初期の東京大学（1877（明治10）年）の創設である。東京開成学校と東京医学校を合併して創設された東京大学は，法学部，理学部，文学部，医学部の4学部と予備門で構成される日本で最初の大学であった。その後，帝国大学（1886（明治19）年），東京帝国大学（1897（明治30）年）と改称されるが，京都帝国大学（1897（明治30）年）が設置されるまでは唯一の大学であった。帝国大学の修業年限は3年制（医学は4年制）であり，専門教育を受けるための基礎知識や外国語能力は大学入学前に身につけておくものとされた。そのため，大学予科や高等学校（旧制）が整備された。

　一方，近代国家に必要な官僚の養成は文部省直轄の大学だけではなく，各官庁によっても行われていた。例えば，法律家の養成は司法省所管の法学校（1872（明治5）年），技術者の養成は工部省所管の工部大学校（1877（明治10）年）で行われており，西洋先進国から招かれた外国人教師によって高度な教育が実施されていた。これらの機関は後に文部省に移管され，東京大学へと吸収されていった。

　また，これらの官学以外にも多くの私立学校が存在しており，社会の多様なニーズに応えて外国語，医学，法律などが教えられていた。これらの学校の中には大学と称するものもあったが，実際の位置づけは「専門学校」（旧制）であった。政府は，大学とはあくまで国が設置する複数学部を有した総

合的な教育研究機関との見解を崩さず，公私立の大学や官立単科大学を認め
なかったのである。しかし，この方針は1918（大正7）年制定の大学令に
よって大きく変更され，帝国大学のほかに公私立大学と官立単科大学の設置
が認められることになった。それにより多くの専門学校が「大学」として認
可され，1943（昭和18）年には49校（官立19，公立2，私立28）にまで増
加した。

（2）戦後の大学制度改革

　第二次世界大戦後，1947（昭和22）年に学校教育法によって新制大学が
法制化されると，戦前の大学，高等学校，専門学校，および教員養成諸学校
（高等師範学校，女子高等師範学校，師範学校，青年師範学校）といった旧
制の高等教育機関の大半は4年制の新制大学に再編された。ただし，私立専
門学校のうち教員組織や施設・設備等が整わずに新制大学への転換が認めら
れなかった学校については暫定的に短期大学として出発することになった
（短期大学は1964（昭和39）年に制度恒久化）。その後，1953（昭和28）年
には大学は226校，短期大学は228校にまで増加した。

　戦後の大学制度の特徴は，その量的拡大を私立に依存してきた点にある。
単線型学校体系の導入によって大学進学の制度的障壁が緩和され，さらに国
民生活の改善により家計の学費負担能力が向上したことから，進学意欲は高
まっていた。しかし，これに応えるだけの財政力が国に不足していたことか
ら，第1次ベビーブームの波が大学に達した1960年代半ばに私立大学の設置
が緩和され，私立大学生の割合は7割を超えることになったのである。一方
で，それは進学をめぐる様々な格差を顕在化させるものでもあった。

　なお，高等教育制度全体としてみれば，1961（昭和36）年に高専制度，
1975（昭和50）年に専修学校制度が法制化された点は大きな変化であった。
高専では中学校卒業後からの5年間一貫課程による教育が行われ，工業や商
船の実践的技術者が養成された。また，学校教育法の第1条に規定された学
校（いわゆる一条校）が対応できない分野の教育は各種学校によって担われ
ていたが，このうち一定の水準・規模を有する学校が専修学校として認めら
れた。専修学校のうち専門課程を置くものは専門学校と称され，高等教育制

度の一翼を担うことになったのである。

3．大学制度の改革動向

　文部科学省の「学校基本調査」によれば，2019（令和元）年現在，高等教育機関数は大学786校，短期大学326校，高専57校，専門学校2,805校であり，専門学校が7割を占めている。一方，在学者数では大学生292万人（大学院生等を含む），短期大学生11万人，高専生6万人，専門学校生60万人であり，大学生が約8割を占めている。18歳人口が減少する中，在学者数は過去最多を記録し，高等教育進学率も過去最高の82.8％に達している。

　このような中，2019（令和元）年4月より新たに「専門職大学」および「専門職短期大学」が制度化された。これは2014（平成26）年に教育再生実行会議が「今後の学制等の在り方について（第五次提言）」で実践的な職業教育を行う新たな高等教育機関の制度化を求めたことがきっかけであり，短期大学の恒久化以来55年ぶりとなる新しい大学制度の創設であった。設置認可された2専門職大学・1専門職短期大学は専門学校からの転換であった。

　専門職大学は「前条の大学のうち，深く専門の学芸を教授研究し，専門性が求められる職業を担うための実践的かつ応用的な能力を展開させることを目的とするもの」（学校教育法第83条の2）と規定されている。職業人として共通に身に付ける基礎的・汎用的能力や教養等を学びつつも，専門とする特定の職業に関する高度な専門的知識を身に付け，さらに卓越した技能や実践力，総合力を有する人材となることが目指されている。今後，これらの新しい大学制度がどのように発展していくのか注目される。

参考文献

天野郁夫（1986）『高等教育の日本的構造』玉川大学出版部。

児玉善仁編集委員代表（2018）『大学事典』平凡社。

草原克豪（2008）『日本の大学制度―歴史と展望』弘文堂。

高見茂監修（2021）『必携 教職六法』2021年度版，協同出版。

安原義仁・大塚豊・羽田貴史（2008）『大学と社会』放送大学教育振興会。

（吉田香奈）

Q 22　大学入学試験制度について述べなさい

1．大学入試制度の変遷

（1）戦前の大学入試制度

　戦前の帝国大学では旧制高等学校卒業者（大学予科がある場合は予科卒業者）を無試験無選抜で希望学部に入学させることを基本としていた。また，入学志願者の学歴によって合格の優先順位が設定されており，文系学部では高等学校文科卒業者を，理系学部では高等学校理科卒業者を優先順位1位として，これらの志願者を優先的に入学させていた。志願者数が定員を超えた場合には学科試験（後に出身学校の調査書，口頭試問，身体検査も考慮）が実施されたが，高等学校全体の入学定員が官立大学全体の入学定員とほぼ同じであったため大きな問題は生じなかったとされる。その代わり帝国大学へと続く高等学校への入学は非常に難しく，入試倍率は大変高かった。このように，戦前の大学入試制度は現在とは大きく異なっていた。

（2）新制大学の発足と入試制度

　第二次世界大戦後に発足した新制大学では，入学者選抜は戦前と同様に個別に実施された。ただし，新制の国立大学については受験機会を2回与えるという意図から一期校と二期校に区分され，別日程で試験が実施されていた。また，大学共通の「進学適性検査」（進適）が新たに導入されたが（1947（昭和22）年の導入当初は「知能検査」と呼称），これは志願者の知的素質を科学的に測定し，合否判定に活かそうとするものであった。しかし，大学側からは信頼性や妥当性に関して疑問が寄せられ，また志願者の負担も考慮された結果，1954（昭和29）年に中止された。

　その後，1963（昭和38）年に中央教育審議会は「大学教育の改善について（答申）」を公表し，大学教育を受けるにふさわしい適格者を選ぶための科学的な方法を研究・実施することが必要であるとして，大学共通の客観的なテストを導入することが提案された。これを受けて，財団法人能力開発研

究所が設置され，「能力開発研究所テスト」（能研テスト）が1963（昭和38）〜1968（昭和43）年に実験的に試用された。しかし，これも大学側の態度が消極的であったことや，政府による人材選別との批判を受けたことから中止された。

（3）共通一次試験から大学入試センター試験へ

しかし，大学入学者選抜は学力偏重の傾向が継続しており，試験問題には難問・奇問が登場するなど高校教育の妨げになっているという批判も多かった。そこで，国立大学協会や文部省内の大学入学者選抜方法改善に関する会議で新たな共通学力検査が検討され，1979（昭和54）年より開始されたのが「国公立大学共通第一次学力試験」（共通一次試験）であった。これは，高校の学習成果の達成状況を問う良質な試験を国公立大学で共通に実施し，各大学の実施する二次試験との組み合わせによって合否を判定しようとするものであった。この開始と同時に国立大学の一期校・二期校制度も廃止された。共通一次試験の導入は一定の評価を得たものの，一方で，受験機会の減少，入試難易度に基づく国公立大学の序列化の進行，5教科7科目を受験する負担感，等から国公立離れが進むという問題も顕在化した。そこで，受験科目数の削減を行うとともに，大学をA・Bグループに分けて連続して受験できる「連続方式」や，同一学部の募集定員を前期日程と後期日程に分割する「分離・分割方式」が相次いで採用された。しかし，1985（昭和60）年にはすでに臨時教育審議会の第一次答申において共通一次試験に代わり私立大学も自由に参加できる新しい試験制度を創設することが提言されていた。これを受けて1990（平成2）年に導入されたのが「大学入試センター試験」（センター試験）であった。受験教科・科目にはアラカルト方式が採用され，私立大学も利用しやすいよう配慮された。また，2004（平成16）年には短期大学も利用可能となった。

2．大学入試制度改革の動向

大学入試センター試験初年度の参加大学数は148校（うち私立16校）であったが，2020（令和2）年には858校（うち私立672校）にまで増加して

いる。一般入試だけでなく推薦入試やAO入試でもセンター試験が課されるなど，国公私立大学を通じて多様な選抜方法に活用されており，当初の目的は一定程度達成されたと言えよう。

　一方で，センター試験はマークシート形式の知識偏重型であるといった批判や，受験機会が年に一度しかないこと，グローバル社会に必要とされる英語の4技能を十分に測定できていない等，様々な課題が指摘され，教育再生実行会議，中央教育審議会，文科省の専門家会議等において改善に向けた検討が重ねられてきた。2017（平成19）年7月には「大学入学共通テスト実施方針」が公表され，2021（令和3）年1月実施分から名称を「大学入学共通テスト」に変更し，国語と数学に記述式問題を導入するとともに英語民間試験を活用する方針が示された。しかし，2019（令和元）年11月，英語民間試験の活用が延期されることが発表され，同年12月には国語と数学の記述式問題の導入も見送られることが発表された。英語民間試験の延期は経済的・地理的に不利な立場にある生徒への配慮が欠けていたこと，また，記述式問題の見送りは，採点の民間委託，採点の精度，自己採点との不一致の大幅改善の困難性，等が主な理由とされた。このような突然の制度変更に対しては，高校現場や受験生から強い不信感や不安感が示された。大学入試改革は振り出しに戻ったという評価も目立つ中，2021（令和3）年より開始される「大学入学共通テスト」が今後どのように改革されるのか注目される。

参考文献

浅海純一（2020）「新たな大学入試に対する高校現場の意識」『月刊高校教育』2020年3月号，学事出版，pp.32-35。

黒羽亮一（1993）『戦後大学政策の展開』玉川大学出版部。

児玉善仁編集委員代表（2018）『大学事典』平凡社。

佐々木亨（1984）『大学入試制度』大月書店。

中村高康編集（2010）『大学への進学―選抜と接続』玉川大学出版部。

南風原朝和編（2018）『検証迷走する英語入試―スピーキング導入と民間委託』岩波ブックレットNo.984，岩波書店。

（吉田香奈）

Q 23　私学制度について述べなさい

1．私学制度の概要

（1）私立学校の位置づけ

　私立学校とは「学校法人の設置する学校」（私立学校法第2条，以下「私学法」）であり，学校法人とは「私立学校の設置を目的として，この法律の定めるところにより設立される法人」（私学法第3条）である。学校法人は，私人の寄附財産等によって設立・運営されるのが原則である（私学法第30条）。また，私立学校の所轄庁は，私立大学及び私立高等専門学校を設置する学校法人については文部科学大臣，高等学校以下の学校を設置する学校法人については都道府県知事である。このように，私立学校は，国立・公立学校とは異なる行政機関による規制や助成が行われている。

　2019（令和元）年度の学校基本調査において，学校全体で私立学校数が占める割合を見ると，小学校の1.2％，中学校の7.6％，高等学校の27.0％，4年制大学の77.2％を占めている。また，私立学校の在学者数の割合は，小学校の1.2％，中学校の7.4％，高等学校の32.4％，4年制大学の73.8％を占めている。特に，高等学校や4年制大学での学校数や在学者数の割合が大きく，私立学校は，わが国の学校教育において重要な役割を担っていると言える。

（2）私学制度の特徴

　教育基本法第8条には，「私立学校の有する公の性質及び学校教育において果たす重要な役割にかんがみ，国及び地方公共団体は，その自主性を尊重しつつ，助成その他の適当な方法によって私立学校教育の振興に努めなければならない」と規定されている。私学法第1条においても，「私立学校の特性にかんがみ，その自主性を重んじ，公共性を高めることによつて，私立学校の健全な発達を図ること」と規定されている。これらの規定からも，私学制度は，自主性と公共性という2点から特徴づけることができる。

　1点目は自主性の尊重である。私立学校は学校法人の設置する学校であり，

私人の寄附財産や児童・生徒の授業料等により運営される。それゆえに，私立学校を管理する所轄庁の権限は国立・公立学校に比べると限定的であり，私立学校の裁量が大きく，その自主性が尊重されている。例えば，私立学校では建学の精神や独自の校風が強調されており，道徳教育の代わりに宗教教育を行うことが可能である。

　2点目は公共性の確保である。教基法第6条第1項には「法律に定める学校は，公の性質を有するものであって，国，地方公共団体及び法律に定める法人のみが，これを設置することができる」という規定がある。「公の性質」を有する私立学校は，国立・公立学校と同様に公教育を担っているため，公共性の確保にも配慮することが求められている。

2．私学助成制度の特徴と課題

（1）私学助成制度の特徴

　我が国の学校教育において大きな役割を有する私立学校を振興するために，1975（昭和50）年に私立学校振興助成法（以下，「私学助成法」）が成立しており，国や地方公共団体による私学助成が行われてきた。私学助成の目的は，「私立学校の教育条件の維持及び向上並びに私立学校に在学する幼児，児童，生徒又は学生に係る修学上の経済的負担の軽減を図るとともに私立学校の経営の健全性を高め，もつて私立学校の健全な発達に資すること」（私学助成法第1条）である。

　この法律に基づき，主に次の4点の私立学校の振興策がある。1点目は，経常的経費等の補助である。国は，大学または高等専門学校を設置する学校法人に対し，経常的経費の2分の1以内を補助すること（私学助成法第4条）や，高等学校以下の私立学校を設置している学校法人に対し，経常的経費を補助する都道府県にその一部を補助すること（私学助成法第9条）ができる。2点目は，日本私立学校振興・共済事業団を通じた貸付である。日本私立学校振興・共済事業団は，「私立学校の教育の充実及び向上並びにその経営の安定並びに私立学校教職員の福利厚生を図る」（日本私立学校振興・共済事業団法第1条）ために，補助金の交付や資金の貸付等を行う団体であり，国から

融資を受けている。3点目は，税制上の特例措置である。私学助成法では，「学校法人が一般からの寄附金を募集することを容易にするための措置等必要な税制上の措置を講ずるよう努めるものとする」（第15条）と規定されており，法人税及び事業税は非課税（収益事業を除く）など税制上の特例が設けられている。4点目は，学校法人の経営改善支援である。文部科学省では2005（平成17）年5月に「経営困難な学校法人への対応方針について」を示し，経営分析及び指導・助言等を通じて主体的な改善努力を支援している。

（2）私学助成制度の課題

　学部・学科の見直しや，特色ある教育活動を展開することで入学者数の増加や経営状況を改善する学校法人が存在する一方で，近年は経営状況が悪化している学校法人も少なくない。日本私立学校振興・共済事業団の「平成31（2019）年度私立大学・短期大学等入学者志願動向」よれば，入学定員充足率が100％未満の大学は194校であり，大学全体に占める未充足校の割合は33.0％である。未充足校の割合は前年度よりも改善しているものの，少子化の進行や経済状況の悪化等の影響もあり，厳しい傾向が続いている。

　本来，学校法人は「自主的にその財政基盤の強化を図り，その設置する学校に在学する幼児，児童，生徒又は学生に係る修学上の経済的負担の適正化を図るとともに，当該学校の教育水準の向上に努めなければならない」（私学助成法第3条）とされている。しかしながら，在学する幼児・児童・生徒等の学習機会を保障し，その公共性を確保するためには，国や地方公共団体によるどのような助成や支援が望ましいのか，今後も検討していく必要があるだろう。

参考文献・URL

小入羽秀敬（2019）『私立学校政策の展開と地方財政―私学助成をめぐる政府間関係』吉田書店。

文部科学省〈https://www.mext.go.jp〉2020年2月20日閲覧。

結城忠（2014）『憲法と私学教育―私学の自由と私学助成』協同出版。

（藤本　駿）

Q 24　学校設置基準について述べなさい

1．学校設置基準とは

　子どもたちが学校に通おうとする場合，近くに学校がなければ通えない。また，その学校の施設や規模が，地域によって全く異なるようであれば，教育の機会を均等に保障するとは言えない。そこで，学校の設置に関する基準が必要となる。学校教育法は，「学校を設置しようとする者は，学校の種類に応じ，文部科学大臣の定める設備，編制その他に関する設置基準に従い，これを設置しなければならない」と定めている（第3条）。一般に，学校の教育水準を保障するために，各学校の施設，設備，編制等について，一定の基準を設ける必要があると解される。各学校の設置基準は，「学校を設置するのに必要な最低の基準」である。したがって，学校の設置者はこの規定に従うべきこととなる。幼稚園から大学院まで各学校に設置基準が定められている。

2．学校設置基準の内容

　小学校を例に，学校設置基準の主な内容を見てみよう。それを表にすると以下のようになる。

　各条文では，例えば，1学級の児童数については，40人以下とすること（第4条），学級は同学年の児童で編制すること（第5条），小学校に置く教諭等の数は1学級当たり1人以上とすること（第6条），校舎には教室，図書室，保健室，職員室を備えること（第9条）などが定められている。また，設置基準には附則があり，別表には児童数ごとの校舎の面積と運動場の面積に関する規定もあげられている。

表2-24-1　小学校設置基準の主な内容

1学級の児童数	第4条
学級の編制	第5条
教諭の数	第6条
校舎及び運動場の面積	第8条
校舎に備えるべき施設	第9条
校具及び教具	第11条

幼稚園や中学校の設置基準もほぼ同じ構成であるが，高等学校について
は，学科に関する規定もあり，普通教育を主とする学科，専門教育を主とす
る学科，総合的に施す学科があること，さらに専門教育の学科については，
農業，工業，商業，水産，家庭，看護，情報，福祉等の学科名が示されてい
る。

３．学校設置基準の特徴と課題

　小学校と中学校の設置基準が設けられたのは，2002（平14）年のことで
ある。逆に言えば，それまで小・中学校については設置基準がなかったので
ある。設置基準がなくてもそれまでにももちろん小・中学校はあった。とい
うのも設置基準の中身に関する規定が別にあったからである。例えば，学校
教育法施行規則には，学校の設備について，「学校には，その学校の目的を
実現するために必要な校地，校舎，校具，運動場，図書館又は図書室，保健
室その他の設備を設けなければならない」とする規定がある（第１条）。あ
るいは，公立義務教育諸学校の学級編制及び教職員定数の標準に関する法律
には，「公立の義務教育諸学校の学級は，同学年の児童又は生徒で編制する
ものとする」とする規定があり（第３条），小・中学校の１学級当たりの児童・
生徒数についても規定がある。したがって，学校の設置基準は，それぞれ設
けられてはいるものの，それだけを見ていては十分ではないということであ
る。

　現在のところ，設置基準が設けられているのは，幼稚園，小学校，中学
校，高等学校，大学，大学院，高等専門学校である。つまり，特別支援学校
には設置基準がない。学校教育法施行規則によると，「特別支援学校の設置
基準及び特別支援学級の設備編制は，この章に規定するもののほか，別に定
める」（第118条）と定められているにもかかわらず，未だに設けられてい
ないことは法制上の課題と言えよう。

参考文献

鈴木勲編著（2016）『逐条学校教育法』（第８次改訂版）学陽書房。

窪田眞二・小川友次（2020）『教育法規便覧』学陽書房。　　　（藤井穂高）

Q 25　教育課程特例校制度について述べなさい

1．教育課程特例校制度とは

　教育課程特例校制度とは，文部科学大臣が学校教育法施行規則第55条の2等に基づき，学校を指定し，学校や地域の特色を生かした特別の教育課程を編成することが可能とする仕組みである。2003（平成15）年から構造改革特別区域研究開発学校制度として始まり，2008（平成20）年度より教育課程特例校制度として手続きを簡素化すること等がなされている。当該制度には予算措置はないため，自治体の財政力等により取り組みに格差も生じるが，自治体が独自にカリキュラムを開発・実施することが可能になった。

　指定の要件は，学校教育法施行規則第55条の2及び関係告示の規定に基づき，次のように示されている（平成20年文部科学省告示第30号）。

・学習指導要領等において全ての児童または生徒に履修させる内容として定められている内容事項が，特別の教育課程において適切に取り扱われていること。
・総授業時数が確保されていること。
・児童または生徒の発達段階並びに各教科等の特性に応じた内容の系統性及び体系性に配慮がなされていること。
・保護者への経済的負担への配慮その他の義務教育における機会均等の観点から適切に配慮がなされていること。
・児童又は生徒の転出入に対する配慮等の教育上必要な配慮がなされていること。

2．教育課程特例校の指定状況

（1）教育課程特例校の指定申請と指定件数・指定学校数
特別の教育課程を編成して教育を実施することを希望する小学校，中学

校，義務教育学校，高等学校，中等教育学校及び特別支援学校の管理機関（市町村等の教育委員会や学校法人）は，都道府県の教育委員会又は知事を経由して（国立大学法人及び政令指定都市教育委員会にあっては直接），文部科学省に教育課程特例校指定申請書を提出する。2017（平成29）年度4月時点での教育課程特例校の指定件数（指定校の管理者の数）が318件，指定校数は3,182校である。

（2）主な取り組み

2017（平成29）年4月時点の指定状況を見ると，教育課程特例校の取組は，小学校低・中学年からの英語教育の実施，「ことば」に関する取組，ふるさとや郷土に関する取組，その他の取組に大別できる。小学校低・中学年からの英語教育の実施（233件，2,392校）では，「生活科」や「総合的な学習の時間」等の一部を組み替え，「英語科」や「外国語活動」等が導入されている。

例えば，沖縄県宜野湾市は2009年度より，小学校1年生から週1時間の外国語活動（英語活動）を実施し，5〜6年生（2019年度まで）では週2時間を実施している。同市では，低学年（英語に触れる・慣れる）・中学年（英語に慣れる・親しむ）・高学年（英語に親しむ・使う）をそれぞれ目標にし，歌やゲーム，ダンスなどを取り入れた活動を通して，児童が英語に慣れ親しむよう工夫がなされている。

「ことば」に関する取組み（24件，670校）では，日本の言語や文化に親しむことにより，日本語の持つ美しさや日本人が持っている感性，情緒を養ったり，倫理的な思考力，表現力を育成したりする取り組みがなされている。例えば，広島県では（2011（平成23）年度より）中学校で「国語」「社会」「理科」「外国語」「総合的な学習の時間」の一部を組替え，「ことば科」を実施している。実践校である広島県立広島中学校・広島高等学校では，教育目標の一つに「グローバル化時代に活躍できる人材の育成」をあげており，様々な価値観や文化の中で，しっかりとした自分の考えをもち，それを相手に正しく効果的に伝えるため，中高の6年間で「論理的な思考力・表現力」を身に付けさせていく必要があるとしている。同校では「ことば科」を「論理」と「ロジカル・コミュニケーション」の二つの領域に分けて行う。

「論理」では，国語科の先生を中心に「話型」等の表現の型を繰り返しトレーニングし，理科・社会等との合科的な学習につなげる。「ロジカル・コミュニケーション」では，英語科を中心に，担任・国語等の先生と，「話型」等を活用した英語のライティング，スピーキング等をトレーニングし，英語で相手に分かりやすく伝えることを意識した表現活動を行う。

　ふるさとや郷土に関する取り組み（33件，309校）では，ふるさとの自然や歴史，文化を学習することにより，ふるさとを愛し，誇りに思う心をはぐくむための取り組みがなされている。例えば，栃木県日光市では（2005（平成17）年度より），中学校で「総合的な学習の時間」の全部を組み替え，「日光みらい科」を実施している。その中では，小中学校の9年間を通して，地域の人々等との多様な交流を通して，自らの課題を調べ解決し発信する学習や，合併で拡大した市域を学ぶふるさと学習を通して日光市の未来を見つめ，日光市に生まれ育ったことに誇りをもてる子どもの育成が目指されている。

　その他の取り組みの例として，大阪教育大学では（2009（平成21）年度より），小学校での「生活」，「総合的な学習の時間」，「特別活動」の一部を組み替え，「安全科」を実施している。学校法人シュタイナー学園では（2005（平成17）年度より），小学部で「国語」，「社会」，「算数」，「理科」，「生活」，「体育」，「特別活動」を，中学部で「国語」，「社会」，「数学」，「理科」，「生活」，「保健体育」，「特別活動」を，高等部で「体育」と「家庭総合」を組み替えて，「オイリュトミー」，「手の仕事」を実施している。

参考文献・URL

押田貴久・仲田康一・大桃敏行（2013）「自治体独自のカリキュラム開発―教育課程特例校に焦点を当てて」東京大学大学院教育学研究科附属学校教育高度化センター『年報』2012,pp.96-107。

文部科学省「教育課程特例校について（平成29年4月現在）」〈https://www.mext.go.jp/component/a_menu/education/detail/__icsFiles/afieldfile/2017/05/15/1284970_001.〉2020年3月16日閲覧。

（石嶺ちづる）

Q 26　不登校特例校について述べなさい

1．不登校特例校とは

　不登校特例校とは，不登校児童生徒の実態に配慮した特別の教育課程を編成して教育を実施する必要があると認められる場合，文部科学大臣が学校教育法施行規則第56条等に基づき，学校を指定し，特別の学校において教育課程の基準によらず特別の教育課程を編成して実施する学校である。正式名称は「不登校児童生徒の実態に配慮して特別に編成された教育課程に基づく教育を行う学校」と言う。

　構造改革特別区域で実施されてきた「不登校児童生徒等を対象とした学校設置に係る教育課程弾力化事業」を，構造改革特別区域法の手続きによらず実施できるよう学校教育法施行規則の一部改正が2005（平成17）年に行われた。指定の申請は，不登校児童生徒又は療養等による長期欠席生徒等を対象とする特別の教育課程を編成して教育を実施することを希望する小学校等の管理機関（公立学校にあっては当該小学校等を所管する教育委員会，国私立学校にあっては当該小学校等を設置する者又は設置しようとする者）が行う。

　学校教育法施行規則第56条等及び関係告示は，指定に係る留意事項を次のように定めている。

　　1　児童生徒について，不登校状態であるか否かは，小学校又は中学校における不登校児童生徒に関する文部科学省の調査で示された年間30日以上の欠席という定義が一つの参考となり得ると考えられるが，その判断は小学校，中学校，義務教育学校，高等学校，中等教育学校（以下「小学校等」という）又はその管理機関が行うこととし，例えば，断続的な不登校や不登校の傾向が見られる児童生徒も対象となり得るものであること。他方，不登校児童生徒以外の児童生徒については，特別の教

育課程の対象にはなり得ないこと。

2　特別の教育課程とは，憲法，教育基本法の理念を踏まえ，学校教育法に定める学校教育の目標の達成に努めつつ，施行規則の定めにかかわらず編成される教育課程であること。

3　特別の教育課程を実施するにあたっては，不登校児童生徒の実態に配慮し，例えば不登校児童生徒の学習状況にあわせた少人数指導や習熟度別指導，個々の児童生徒の実態に即した支援（家庭訪問や保護者への支援等），学校外の学習プログラムの積極的な活用など指導上の工夫をすることが望ましいこと。

4　(1) 市町村が新たに設置する高等学校若しくは中等教育学校又は学校法人が新たに設置する小学校，中学校，義務教育学校，高等学校若しくは中等教育学校において特別の教育課程を編成して教育を実施することを希望する場合，当該学校の設置認可の前に，特別の教育課程を編成して教育を実施する必要がある学校として指定を受ける必要があること。

　　(2) 市町村が新たに設置する高等学校若しくは中等教育学校又は学校法人が新たに設置する小学校，中学校，義務教育学校，高等学校若しくは中等教育学校について，文部科学大臣が指定をした際には，文部科学省はその旨を速やかに，当該学校の設置認可権者（市町村立の高等学校又は中等教育学校については都道府県教育委員会，私立の小学校，中学校，高等学校又は中等教育学校については都道府県知事）に対して通知することとしているので，その旨留意すること。

5　指定を受けた小学校等については，文部科学省ホームページにおいて公表するものであること。（出典：平17.7.6　17文科初第485号文部科学省初等中等教育局長通知）

2．不登校特例校の指定状況

2018（平成30）年4月1日現在，全国で12校（公立学校5校，私立学校7校）が不登校特例校の指定を受けている。学校種の内訳は，小学校・中学校を併設している学校が2校（公立のみ），中学校8校（公立3校，私立5校），

高等学校2校（私立のみ）となっている。都道府県別では，北海道1校，東京都4校，神奈川県1校，愛知県1校，岐阜県1校，京都府2校，奈良県1校，鹿児島県1校となっている。

　東京都八王子市教育委員会の市立高尾山学園小学部・中学部（2004（平成16）年4月開校）は，不登校児童生徒のための市立小中一貫校（小学校4年生から中学校3年生）である。同校は「不登校児童生徒のための体験型学校特区」の第1号として2003（平成5）年に認定を受けている。高尾山学園は，「社会性の育成」と「基礎的な学力の定着・向上」を基本理念としている。前者は，集団活動を通じて人間関係構築の能力を高めることを指しており，後者は不登校だったために学力が十分に身についていない児童生徒がいることを想定し，一人ひとりの児童生徒の実態に応じて柔軟に学力形成を図っていくことを指している。

　奈良県大和郡山市教育委員会の学科指導教室「AUS」（2004（平成16）年4月開校）は，不登校児童生徒の学習の場として学科指導教室「AUS」を設置し，学年を越えた習熟度別指導，児童生徒の興味・関心に応じた多様な体験活動などを行っている。同校は「AUSカウンセリングステーション」とともに大和郡山市の「不登校対策総合プログラム」の中核的な役割を担っており，不登校を経験した児童生徒の個々の状態に応じた柔軟な教育課程を実施する場となっている。

参考文献・URL

後藤武俊（2016）「地方自治体における不登校児童生徒へのサポート体制の現状と課題—不登校児童生徒を対象とする教育課程特例校を設置する自治体を中心に」東北大学大学院教育学研究科『東北大学大学院教育学研究科研究年報』第64集第2号，pp.157-180

文部科学省「特例校（不登校児童生徒の実態に配慮して特別に編成された教育課程に基づく教育を行う学校）について」〈https://www.mext.go.jp/a_menu/shotou/seitoshidou/1387008.htm.〉2020年3月16日閲覧。

（石嶺ちづる）

Q 27　フリースクールについて述べなさい

1．フリースクールとは

（1）フリースクールの定義

　フリースクールとは一般に不登校の子どもに対し，学習活動，教育相談，体験活動などの活動を行っている民間の施設を指す。フリースクールは各種学校，NPO法人，任意団体などが運営しており，いわゆる1条校ではない。そのため，フリースクールへの在籍で義務教育を受けているとはみなされない。

　しかしながら，いわゆる1条校ではないことにより，教育課程を弾力的に編成することができるため，不登校児童生徒を対象としたフリースクールの設置も可能となっている。このように，日本においては不登校児童生徒の重要な受け皿になっていることに鑑み，正規学校に籍を置きつつ，一定の条件を満たす場合にフリースクールにおける相談・指導を受けた日数を指導要録上出席扱いとすることができるようになっている（2019（令和元）年10月元文科初第698号）。

　高等学校への進学においても，正規学校に籍を置いている場合には卒業が認められるケースが多い。一方で正規学校に在籍しない場合には，「中学校卒業程度認定試験」に合格する必要がある。

（2）フリースクールの現状

　2015（平成27）年8月に文部科学省が発表した「小・中学校に通っていない義務教育段階の子供が通う民間の団体・施設に関する調査」は，これらの施設における在籍者やスタッフの状況及び活動内容等の実態を明らかにしている。アンケート送付件数は474件，うち回答数319件（回収率67％）であった。この調査では，「不登校の子供を受け入れることを主な目的とする団体・施設」をフリースクール（フリースペースを含む，以下：フリースクール等）とし，全体の73.6％（234）に相当するとしている。フリースクール

ほか，親の会，学習塾，その他特色ある教育を行う団体・施設などの90.3％が通所形式をとっている。週当たりの開所日数は5日が最も多く51.7％である。

　フリースクール等を含めた小・中学校に通っていない義務教育段階の子どもが通う民間の団体・施設に在籍する義務教育段階の子どもの数は約4,200人（小学生約1,800人，中学生約2,400人）で，そのうち在籍校で出席扱いとなっている者の割合は55.8％である。勤務するスタッフの数は約2,900人（有給：68.8％，無給31.2％）で，教員免許（小・中・高）保有者の割合は36.8％（教職経験があるものは24.7％）となっている。

　個別の学習を行っている団体・施設が87.1％で，授業形式（講義形式）による学習は43.4％である。相談・カウンセリングは90.9％，社会体験（見学，職場体験など），自然体験（自然観察，農業体験など），調理体験，スポーツ体験等の体験活動等は70％台の実施率である。学習カリキュラムを決めている団体・施設は49.7％で，77.3％が教科書を使用し，市販の教材や独自の教材も80％近くの団体・施設で活用されている。月額の会費（授業料）は，平均額は約3万3千円で，1～3万円・3～5万円とする団体・施設がそれぞれ40％弱である。

２．不登校児童生徒による学校以外の場での学習等に対する支援の充実とフリースクール

　不登校児童生徒に対する学校以外の場での学習等に対する支援の充実について，文部科学省が設置した「フリースクール等に関する検討委員会」が2017（平成29）年2月にまとめた報告書では，次のような提言がなされている。ここでは，基本的な方向性として，「1.教育委員会・学校と民間団体等が連携した支援の充実を図ること」，「2.家庭にいる不登校児童生徒への支援の充実を図ること」，「3.支援のための体制整備を図ること」が示された。

　フリースクール等の民間の団体等と教育委員会・学校の連携による支援に推進については，これまでもその必要性が指摘されてきた。しかし，フリースクール等が所在する自治体でも，約半数の自治体では連携が行われておら

ず，連携が行われている自治体でも，その多くは教育委員会の職員による視察等に留まっている。また，フリースクール等との連携が学校復帰のための取組と相容れるか明確でないことや，連携の効果が明確でないことが挙げられている。

このような状況を踏まえて報告書は，「連携を進める上で第一に重要なことは（中略）教育委員会・学校と民間の団体等が関わりを持ち，一定の信頼関係を築くよう努力すること」としており，視察・意見交換，連携協議会の設置，教員派遣を第一ステップとして示している。その上で，協働した取組の実施や，事業委託，公と民との連携による施設の設置・運営を具体的な方策に位置付けている。

民間団体等の活用も，より一層の充実が図られることを報告書は期待している。そのためには民間の団体等がそれぞれの独自性を維持しながら相互に連携することで，支援の充実が図られることが報告書では期待されている。フリースクールなどの民間の団体等の相互連携・協力を推進する中間支援組織の形成も提唱されている。特に近年関心が高まっている個々の児童生徒に対する支援プランの作成について，中間支援組織がひな形を作成するなど，個々の組織では十分に対応できない問題への対応が期待されている。

参考文献・URL

文部科学省「小・中学校に通っていない義務教育段階の子供が通う民間の団体・施設に関する調査」〈https://www.mext.go.jp/a_menu/shotou/tyousa/__icsFiles/afieldfile/2015/08/05/1360614_02.pdf〉2020年3月23日閲覧。

フリースクール等に関する検討会議「不登校児童生徒による学校以外の場での学習等に対する支援の充実〜個々の児童生徒の状況に応じた環境づくり〜報告」〈https://www.mext.go.jp/component/b_menu/shingi/toushin/__icsFiles/afieldfile/2017/07/25/1382195_1.pdf〉2020年3月23日閲覧。

（石嶺ちづる）

第3章　教育内容行政

Q 28　教育課程の編成について述べなさい

1．教育内容行政とは

　本章では，教育課程やその編成，学習指導要領，教科書，子どもの学力や体力などの内容について扱う。教育課程というと普段の教師と子どもとの間で営まれる教育として捉えられるが，いくつかの行政手続きを必要とし，それらを教育内容行政と呼んでいる。具体的には教育行政のうち，初等中等段階の学校の教育内容に関わる領域を対象とするものであり，教育課程行政（教育課程の基準設定，教育課程の編成・実施に対する指導・助言等）と教科書行政（教科書の検定・採択等）の二つに大別される。

　それでは何故，教育課程が必要とされているのか。教育は「教える側」の教師と「教えられる側」の子どもで初めて成立する営みである。発達の途上にいる子どもが自らの力で体験し，知識を得ることには限界がある。そこで専門的知識や教養などを身に付けた教師が必要となり，教育が行われていくのであるが，児童期は，人間の知的・身体的・道徳的・情緒的発達にとって，その基礎を形成する段階である。そのため，いくら専門的知識や教養などを身に付けた教師であっても，教えたいことだけを教える訳には行かない。故に子どもたちの発達に応じて教える内容や順序を計画していく必要があり，それらが公の枠組み，すなわち教育内容行政として実施されるのである。

2．教育課程とカリキュラム

　戦前から戦後初期頃まで教育課程に該当する事項は，小学校では「教科課程」，中等学校は「学科課程」と呼び，学校の全学年にわたる「教科別時間割配当表」を示していた。その後，1951（昭和26）年版「学習指導要領試案（一般編）」にて「児童や生徒たちが望ましい成長発達を遂げるために必要な諸経験をかれらに提起しようとする全体計画」を意味する言葉として「教育課程」が用いられ，以後この用法が定着したのである。

　「カリキュラム（curriculum）」についても，戦後において「教育課程」の訳語として定着した言葉である。元々，curriculumはラテン語のcurrere（走る）から派生した言葉であり，「決められた走路を学習者が辿る学習の道筋」を意味する教育用語として，歴史的には1582年のライデン大学（オランダ），1633年のグラスゴー大学（スコットランド）など，16世紀末から17世紀初めのヨーロッパの大学で使用されてきたと言われている。故に「教育課程」と「カリキュラム」が同義に扱われるのであるが，厳密には「教育課程」は行政用語であり，「カリキュラム」は教育実践用語として，それぞれ使用されてきたのである。

　「教育課程」という言葉が行政用語として用いられてきた要因には，戦前において国が定めた教則として「教科課程」「学科課程」があり，国の教育行政の用語として使用された背景がある。戦後，国が学習指導要領を策定することとなり，「学校や教師が自ら創り出す具体的な教育活動計画」という新たな意味が「教育課程」に与えられたのである。

　教育は，計画通りに履行することが全てではなく，教師たちの無意識のうちに前提としている文化が子どもたちに伝わる側面も大いにある。そして教育する側の意図にかかわらず，学校生活において児童生徒自らが学び取るという，所謂「隠れたカリキュラム」も存在する。このように教育実践的な意味を持つ「（隠れた）カリキュラム」という言葉と，教育活動計画として公的枠組みの中で用いられてきた「教育課程」という言葉には，方向的には同義であっても，両者の語感からは微妙な差異を感じ取ることができよう。

３．教育課程の構成

　前述のように，「教育課程」は公的な枠組みと教育実践という二つの意味を持ち，その意義については様々な捉え方があるが，現行制度で見ると大まかに3つのレベルで教育課程は構成されていると言える。

　第一に，国で決定される教育課程である。今日，文部科学省は「全国のどの地域で教育を受けても，一定の水準の教育を受けられるようにするため，文部科学省では，学校教育法等に基づき，各学校で教育課程（カリキュラ

ム）を編成する際の基準を定めています。」とし，それを「学習指導要領」
（次のQ 29で扱う）と呼んでいる。公的枠組みとしての教育課程は先ず学校
教育法や学習指導要領などの法規で規定されているということである。

　第二に，学校で編成される教育課程である。これは国で決定される教育課
程に沿って，各学校で年間教育計画として編成・開発される。具体的には研
究開発校を除いて，学習指導要領に定められた教科の枠組みや内容，時間数
に沿って作られる。

　第三に，個々の教員，教科間で編成される教育課程である。教師自身の授
業づくりや学級づくりのために計画され，具体的には単元計画や指導計画を
指す。単元計画や指導計画は学習指導要領及び解説に基づきながら構成され
るため，公的枠組みとしての教育課程ではあるものの，教師は目の前の子ど
もや学級の様子により毎日教育をデザインしなければならない。そのためこ
のレベルにおいては「カリキュラム」の要素も深く関わってくるのである。

4．教育課程の編成

　それでは実際に「教育課程」はどのように編成されるのか。教育課程の編
成は，広義的には「計画・実施・評価・改善するという一連の過程」と捉える
ことができるが，これまで見てきたように「教育課程」は様々な観点から構
成され，複雑に絡み合いながら設計されている。そのため，初めに教育課程
の編成原理について論じ，次に制度的枠組みについて概説していく。

（1）教育課程の編成原理

　今日の日本における教育の目的は，教育基本法第1条に謳われている「人
格の完成」である。そのため文部科学省は，具体的な目標を示した学習指導
要領を編纂し，各学校は教育課程（カリキュラム）を編成する。換言すれ
ば，子どもたちは各学校で編成される教育課程を段階的に履修していくこと
で，「人格の完成」という教育の目的に近づくということである。従って，
大きな時代の流れや社会状況を受けて目標や方法は変化し，学習指導要領に
反映されるということである。学習指導要領が約10年で改訂されるゆえん
であるが，教育課程の編成原理は「経験主義」と「系統主義」という2つの

原理に大別される。

　学校教育では「見学」や「体験」の機会が時々に設定される。これは子どもたちが普段の授業では得られないことを肌で感じ，または経験することでより強く印象に残り，時には今後の人生を決定づける「出会い」となることなどをねらいとするものであり，こうした子どもを中心とした教育，すなわち「経験主義」的教育は，19世紀末から20世紀初頭にかけて「新教育」として世界的な教育動向となった。

　他方，「系統主義」とは，教育内容を段階的に配列し順序立てて学習者（子ども）に教えていく「系統学習」の原理であり，ヘルバルト（Herbart,J.F）やヘルバルト学派の教育学者たちは，教える際の順序や段階を構想して実践したことに端を発している。効率的に教えられるメリットもあるものの，知識・理解，練習などを一方的に詰め込み，注入するというデメリットもある。

　これは日本に限ったことではないが，この「経験主義」若しくは「系統主義」の原理は社会や経済の影響やその時代の要請を否応なしに受け，日本の場合は学習指導要領にその傾向が反映されてきた経緯がある。

（2）教育課程の編成経路

　教育課程は学校の教育計画であるため各学校において編成されるが，学校限りの責任で編成されるのではなく，各種法令，学習指導要領，都道府県教育委員会及び市町村教育委員会における基準，指導や助言に従って編成される。しかし，教育課程の編成方法は全ての学校種が同一ではなく，国立，私立学校と都道府県立学校，市町村立学校とそれぞれ異なっている。

　先ず教育の「目的・目標」や各学校の「目的・目標」は教育基本法や学校教育法において定められており，これらは学校教育法第1条に明記される全ての学校に適用される。そして，これらの法律の下位法である学校教育法施行規則において，「教育課程の編成」，「授業時数」，「基準」，「特例」や学習指導要領への準拠などを規定しており，国立学校と私立学校はこれを受けて各学校で教育課程を編成するのである。

　一方で公立学校（都道府県立学校）の教育課程は，前述の法規定に加え，

文部科学大臣の指導・助言を受けた都道府県教育委員会により管理及び執行等を経て編成される（地方教育行政の組織及び運営に関する法律第21条第1項第5号）。また，市町村立の公立学校の教育課程は，法規定に加えて，都道府県教育委員会の指導・助言を受けた市町村教育委員会の規則，指示及び指導をもって編成される。このように，都道府県及び市町村の公立学校の教育課程の編成は，公立学校の校長が，各学校で編成した教育課程を学年始めに設置者である各教育委員会に届け出，又は承認を求め，その承認を受けて実践することができるのである。

（3）教育課程の編成基準

各学校は教育課程を編成するが，「教育課程の領域」など教育課程に含めなければならない基準がある。例えば小学校の教育課程の領域については，国語，社会，算数，理科，生活，音楽，図画工作，家庭，体育及び外国語の各教科，特別の教科である道徳，外国語活動，総合的な学習の時間並びに特別活動によって編成される。しかし，私立の小学校では，これに宗教を加えて，宗教をもって特別の教科である道徳に代えることができるとされており，これらのことは学校教育法施行規則第50条や小学校学習指導要領で規定される。その他，「授業時数の取扱い」や「合科授業」，「履修困難な各教科の扱い」，「不登校児に対する特例」なども法令により定められているため，各学校でそれらの規定に則って教育課程を編成する必要がある。

参考文献

教育制度研究会編（2011）『要説教育制度新訂第三版』学術図書出版社。

窪田眞二・小川友次（2020）『令和2年版教育法規便覧』学陽書房。

高見茂・田中耕治・矢野智司・稲垣恭子監修，西岡加名恵編著（2018）『教職教養講座 第4巻 教育課程』協同出版。

吉田武男監修，根津朋実編著（2019）『MINERVAはじめて学ぶ教職10 教育課程』ミネルヴァ書房。

（澤田裕之）

Q 29　学習指導要領について述べなさい

1．学習指導要領とは

　学習指導要領とは，全国的な教育水準の確保と，全国どこにおいても教育を受ける機会を国民に保障するために定められる国家基準である。そして学習指導要領は，日本国憲法第26条をはじめとして，教育基本法や学校教育法で掲げられている教育の目的・目標などの理念が踏まえられて編纂される他，将来の日本社会の担い手をどのような人間に育てていくのかという期待と，時々の政治的，経済的，社会的な情勢の変化なども受けるため，およそ10年に一度改訂されている。

2．学習指導要領の法的根拠

　学習指導要領が依拠している法令は，日本国憲法をはじめ，教育基本法，学校教育法であり，教育課程の編成は学校教育法施行規則，地方教育行政の組織及び運営に関する法律，教科書の発行に関する臨時措置法など多岐にわたる法令に即される。そのため各学校は教育課程を編成する上で教育活動については必ず法令に照らして，その適切性について確認していくことが求められる。

　具体的には，学校教育法第33条は「小学校の教育課程に関する事項は，第29条及び第30条の規定に従い，文部科学大臣が定める」と規定している（中学校は同法第48条）。これは小学校の教育課程に関する事項は，小学校の目的を定めた同法第29条（中学校は同法第45条）及び小学校教育の目標を定めた同法第30条（中学校は同法第46条）に従って文部科学大臣が定めるということである。教師や学校が教えたいことだけを無計画に教えると，子どもの学びに偏りや差異を生じさせるため，それを回避するための様々な法律という枠組みが必要となるのである。

　また，「小学校の教育課程に関する事項は文部科学大臣が定める」とは，学校教育法施行規則を指し，同法施行規則第4章（小学校）第2節（教育課程）の諸条文に具体的な事項が示される。同施行規則第50条（教育課程の

編成）では「小学校の教育課程は，国語，社会，算数，理科，生活，音楽，図画工作，家庭及び体育の各教科（以下この節において「各教科」という。），道徳，外国語活動，総合的な学習の時間並びに特別活動によって編成するものとする」と規定されている。文部科学大臣が「教育課程に関する事項」を定めるは，本質的に教育上の問題であり，かつ極めて専門的，技術的な事項であること，そして時代の進展に応じて適宜改善を要する事項であること，教育の機会均等の確保と全国的な一定の水準の維持の目的のためには全国的な基準が必要であることを理由とする。また，ここで言う「事項」とは，「教育課程の編成」，「標準授業時数」，「教育課程の基準」，「教科の特例」，「特別支援学級の教育課程の特例」，「履修困難な各教科の学習指導」，「教育課程の特例」を指す。

3．学習指導要領の法的拘束力

　学校の教育課程は，学校教育法施行規則で定める他，教育課程の基準として文部科学大臣が公示する学習指導要領によって編成される。この法的根拠は，学校教育法施行規則第52条（教育課程の基準）であり，同規則では「小学校の教育課程については（中略），教育課程の基準として文部科学大臣が別に公示する小学校学習指導要領によるものとする。」と規定している。

　今日において，学習指導要領は法的な拘束力を伴っているが，当初よりこの理念が伴っていた訳ではなく，1958年改訂学習指導要領が文部大臣の「告示」という形をとって以降，「法的拘束力」を有することが明確化された。しかし，この「法的拘束力」の範囲を巡り，昭和20年代後半から40年代にかけて，学習指導要領の法的基準性（法的拘束力）の有無が争点となった教育裁判が展開された。例えば「旭川学力テスト事件（最高裁判所判決，大法廷，1976年5月21日）」や福岡県の「伝習館高校事件（最高裁判所判決，第一小法廷，1990年1月18日）」などである。この学習指導要領の法的拘束力については学説的にも議論されており，これらの司法判決に即して現在において学習指導要領は学校教育の基準として認められ，法的拘束力を伴うものとして解釈されている。

（1）大綱的基準性

　近年の学習指導要領における法的位置づけおよび基準性については，2016（平成28）年12月の中央教育審議会答申「幼稚園，小学校，中学校，高等学校及び特別支援学校の学習指導要領等の改善及び必要な方策等について」において，「学習指導要領は，教育の内容及び方法についての必要かつ合理的な事項を示す大綱的基準として，法規としての性格を有している。」と提示している。この「大綱」とは「地方公共団体の教育，学術及び文化の振興に関する総合的な施策について，その目標や施策の根本となる方針を定めるもの」であり，上の答申に即せば「学習指導要領は『大綱的基準』であり，法的に位置づけられる」と要約することができる。

（2）最低基準性

　学習指導要領の「法的拘束力」はどの範囲まで及ぶのか。これまでどの程度まで「遵守」すべきかについて議論されているが，結論から言えば，今日の学習指導要領には「最低基準性」という1つの基準が示されている。

　この学習指導要領の「最低基準性」が示された背景には，2000年代初頭の「学力低下論争」がある。2001（平成13）年12月，経済協力開発機構（OECD）による学習到達度調査（PISA2000）の結果により，日本は家庭学習の時間が参加国の中で最低であること，読解力が平均並みであることなどの課題が明らかとなった。また同時期，「学力低下」が大きな世論の関心を呼び，一概に学力が低下したと即断することはできないものの，所謂「学力低下論争」が展開された時期でもある。そのため2002（平成14）年1月に遠山文科相（当時）は緊急アピール「学びのすすめ」を発表し，初めて「確かな学力」という表現を用い，学習指導要領は最低基準であると明言した上，発展的学習や学習習慣の確立等を促したのである。これらを受けて，2003（平成15）年に学習指導要領一部改訂をして，同年版学習指導要領の総則では「各教科，道徳及び特別活動の内容に関する事項は，特に示す場合を除き，いずれの学校においても取り扱われなければならない。学校において特に必要がある場合には，（学習指導要領に）示していない内容を加えて指導することもできる」とし，学習指導要領に記載されている事項は「最低

基準」として必ず指導しつつ，それ以上は各学校および教師の裁量に任せることとなった。所謂「はどめ規定」を廃したのである。

4．今日の学習指導要領

戦後，日本ではアメリカ各州のコース・オブ・スタデイ（Courses of Study）を参考にしつつ，1947（昭和22）年に最初の学習指導要領（試案）が作られた。以降，それぞれの時代の要請を受け，約10年周期で改訂（一部改訂を含む）されている。

（1）これまでの学習指導要領の特色

1951年版から「教科課程」を「教育課程」に置き換えられて，経験主義や単元学習の色合いが強いものであった。1958年改訂学習指導要領は「試案」から「告示」という形式で示されるようになり，「道徳の時間」や基礎学力の充実，科学技術教育の向上など系統学習を重視した学習指導要領となる。1968年改訂学習指導要領は東西冷戦の影響を受けて「教育内容の現代化」がキーワードとして改訂され，教科内容の増加や高度化が図られた。しかしその反動から，授業についていけない児童生徒が増加し，「学校の荒れ」が社会問題化したことにより，1977年改訂学習指導要領では「ゆとり」の教育を掲げ，教育内容の精選などが図られた。そして1988年改訂学習指導要領は「新しい学力」を標榜して，個性を生かす教育，個に応じた指導の充実，1998年改訂学習指導要領は「ゆとり」ある教育活動や「生きる力」の育成などを図る学習指導要領が告示されたのである。しかし，既述のように「学力低下」が指摘されることとなり，2003（平成15）年に一部改訂し，学習指導要領は「最低基準」とされたのである。さらに2008年改訂学習指導要領は「はどめ規定」を原則廃止し，授業時数の増加，小学校5,6学年での外国語活動の新設などを図ることとなった。

（2）2017・2018年改訂学習指導要領

2017（平成29）年3月31日に幼稚園教育要領，小学校学習指導要領及び中学校学習指導要領が公示された（高等学校学習指導要領は2018年3月30日公示）。

　この新学習指導要領においては，「社会に開かれた教育課程」の実現や
「主体的・対話的で深い学び（アクティブ・ラーニング）」の視点からの授業改
善，「カリキュラム・マネジメントの充実」などを重視している。これは，こ
れまでの学習指導要領が，各教科等において教員が「何を教えるか」という
観点を中心に構成されており，こうしたことが教科等の縦割りを越えた指導
改善の工夫などを妨げてきた（中央教育審議会答申（2016年12月21日））
ため，新学習指導要領では，子どもたちが「何ができるようになるか」を学
校教育の中心として各教科等の目標や内容が再構成されたのである。

　子どもたちが，学習内容を人生や社会の在り方と結びつけて深く理解し，
これからの時代に求められる資質・能力を身に付け，生涯にわたって能動的
に学び続けることができるようにするため，学習の質を一層高める授業改善
の取り組みを活性化していく必要があるため，「主体的・対話的で深い学び」
の視点が掲げられた。こうした取り組みの実現のためには，学校全体とし
て，児童生徒や学校，地域の実態を適切に把握し，教育内容や授業時間の配
分，そして評価・改善などを通して，教育活動の質を向上させ，学習効果の
最大化を図っていくことが求められる。これがカリキュラム・マネジメント
であり，各学校においてこれらに努めることが明確化された。従来までの学
習指導要領と大きく異なる2017・2018年改訂学習指導要領では，これまで以
上に学校や教員の力量が求められることから，教材研究の徹底や研修など教
員各自が授業準備を図ることができる体制づくりの議論も深化させていかな
ければならない。

参考文献・URL

今野喜清・新井郁男・児島邦宏編（2014）『学校教育辞典第3版』教育出版。

鈴木勲編（2017）『逐条学校教育法　第8次改訂版』学陽書房。

吉田武男監修・根津朋実編著（2019）『MINERVA はじめて学ぶ教職10　教
　　育課程』ミネルヴァ書房。

文部科学省〈https://www.mext.go.jp/b_menu/shingi/chousa/shisetu/044/shiryo/
　　__icsFiles/afieldfile/2018/07/09/1405957_003.pdf〉2020 年 4 月 30 日
　　閲覧。　　　　　　　　　　　　　　　　　　　　（澤田裕之）

Q 30　教科書制度について述べなさい

1．教科書制度の概要

　子どもにとって教科書は身近なものであり，その中身や構成も時代によって変化する。ここでは教科書が子どもたちの手に渡るまでの過程を中心にして，教科書制度について概説する。

　先ず，教科書とは「小学校，中学校，義務教育学校，高等学校，中等教育学校及びこれらに準ずる学校において，教育課程の構成に応じて組織排列された教科の主たる教材として，教授の用に供せられる児童又は生徒用図書であり，文部科学大臣の検定を経たもの又は文部科学省が著作の名義を有するもの」と定義される（「教科書の発行に関する臨時措置法第2条第1項」）。日本では，文部科学省が各学校の編成する教育課程の基準として学習指導要領を定めており，教科書はそこに示された教科・科目等に応じて作成される。

　それではその教科書が子どもたちの手に渡るまでにはどのような過程を経るのか。

2．教科書の著作・編集と検定

　教科書制度は国によって大きく異なっている。教科書の発行や検定・認定の有無，教科書採択の権限，教科書の供与の在り方など様々であり，日本の場合，現在の教科書制度は民間の教科書発行者による教科書の著作・編集を基本とする。発行者は，学習指導要領，教科用図書検定基準等をもとに，創意工夫を加えた図書を作成し，検定を受けなければならない。

　先に見たように教科書は，文部科学大臣の検定を経たもの又は文部科学省が著作の名義を有するものを言う。「文部科学大臣の検定を経たもの」とは，「文部科学大臣の検定を経た教科用図書」（学校教育法第34条第1項）のことであり，これを「検定教科書」と呼んでいる。そしてこの検定教科書と「文部科学省が著作の名義を有する教科用図書」（学校教育法第34条第1項）を

「教科書」と呼ぶのである。

　また，「教科用図書」とは「学校教育法第34条第1項等に規定する教科用図書以外の教科用図書」（学校教育法附則第9条）を含めたものも指し，「教科用図書以外の教科用図書」とは，例えば高等学校の職業に関する一部の教科書や，特別支援教育用などの教科書等需要数が少ないもの，そして教科用図書は，市販の図書で教科の主たる教材となるものを教科用図書として設置者が指定しているものを言う。このように一般的に「教科書」と呼ぶ中においても，厳密に言えばいくつかの名称が存在することがわかる。

（1）教科用図書の検定基準

　教科用図書の検定については，文部科学省令「教科用図書検定規則」で定め，検定の基準は文部科学省告示「義務教育諸学校教科用図書検定基準」と「高等学校教科用図書検定基準」において規定されている。また，各教科共通の条件と各教科固有の条件があり，この共通の条件とは学習指導要領に即しているか，中立性・公正性，正確性，そして教科書としての適格性についてであり，そして審査基準を①基本的条件，②選択・扱い及び構成・配列，③正確性及び表記・表現の三つの観点を基にして，検定審査される。

（2）教科書検定の流れ

　図書の著作者や発行者は，先ずその図書の検定を文部科学大臣に申請する（教科用図書検定規則第4条）。申請された図書については，教科書に関する調査を行う文部科学省の教科書調査官，教科書に関する調査審議を行う文部科学大臣の諮問機関である教科用図書検定調査審議会の専門委員により調査を受ける。そして審議会では各専門委員により学習指導要領との適合性，教材の選択や取扱いの適切性，記述内容の正確性などを教科用図書検定基準と教科書検定審査要項に基づいて慎重に審議し，その結果を審議会へ報告する。そして，教科用図書検定規則第7条に基づいて，審議会がその報告をもとにして合否を決定し，合格であれば検定決定となり検定教科書となるのである。これらは約4年の月日をかけて行われる。

　また検定不合格となった場合は，申請した著作者や発行者に対して事前にその理由が通知され，20日以内に反論の機会が与えられる。なお，「決定の

保留」という措置もあり，これは審議会により検定の意見が著作者や発行者に通知され修正要請がなされる。この要請に応じて修正された図書は，再度審議会へ提出され，検定決定もしくは検定不合格の判断がなされる。このように「教科書」と認められるためには厳密な審査を経る必要があるということである。

3．教科書採択制度

　学校教育法第34条第1項は「小学校においては，文部科学大臣の検定を経た教科用図書又は文部科学省が著作の名義を有する教科用図書を使用しなければならない」と規定している。「使用しなければならない」とは，「教科書の使用義務」のことであり，小学校においては必ず教科用図書を使用しなければならず，かつ，使用する教科用図書は検定教科用図書又は文部科学省著作の教科用図書でなければならないという意味で解釈される。この「教科書の使用義務」は，中学校，義務教育学校，高等学校，中等教育学校，特別支援学校においても同様である（同法第49条，第49条の8，第62条，第70条，第82条）。しかし，学校教育法附則第9条では，高等学校，中等教育学校の後期課程及び特別支援学校並びに特別支援学級においては，当分の間，文部科学大臣の定めるところにより，教科用図書以外の教科用図書を使用することができることを規定している。

　それでは，検定に合格した教科書はどのように採択されるのか。教科書の採択権限は国・私立学校と公立学校とでは異なっている。国・私立学校の場合，教科書の発行に関する臨時措置法第7条第1項の規定により，校長が採択権限を有している。

　他方，公立学校の場合は，教育委員会が当該地方公共団体の処理する教育に関する事務について定めた，地方教育行政の組織及び運営に関する法律第21条が法的根拠となる。第1項第6号において「教科書その他の教材の取扱いに関すること」とあり，この規定に基づいて市町村や都道府県教育委員会は公立学校の教科書を採択する。ただし，公立の義務教育諸学校については，市町村の区域，又はこれらの区域を併せた地域である「教科用図書採択

地区」（2020（令和2）年4月現在全国では587地区）で採択する。また，「教科用図書採択地区」が2つ以上の区域を併せた区域を「共同採択地区」いい，その場合は地区内の市町村が協議して，文部科学省告示によって定められた教科書の教科ごとに分類される単位としての「種目」ごとに同一の教科書を採択することとなっており，これを共同採択制度と呼ぶ。

　なお，2014（平成26）年4月16日に「義務教育諸学校の教科用図書の無償措置に関する法律の一部を改正する法律」が公布され，都道府県教育委員会が設定する採択地区の設定単位が「市郡」から「市町村」に改められた（教科書無償措置法第12条）他，同法第15条において，教科書を採択したときは，遅滞なく，当該教科書の種類，当該教科書を採択した理由その他文部科学省令で定める事項を公表するよう努めるものと，努力義務規定が新設されている。

4．教科書の無償給付

　日本国憲法第26条第2項では「義務教育の無償」が明記されているが，戦後しばらくの間は教科書の無償化はされてこなかった。しかし，憲法との齟齬（そご）に加えて，義務教育諸学校については保護者に就学義務があること（旧教育基本法第4条，現教育基本法第5条），そして学校における教育活動においては教科書の使用義務があることから，義務教育諸学校の授業料の無償制と併せて，教科書の無償給与が制度化されることとなる。この教科書の無償について文部科学省は，「次代を担う児童生徒の国民的自覚を深め，我が国の繁栄と福祉に貢献してほしいという国民全体の願いを込めて行われているものであり，同時に教育費の保護者負担を軽減するという効果を持っている」と述べている。

　義務教育諸学校の教科書の無償については，1962（昭和37）年の義務教育諸学校の教科用図書の無償に関する法律と1963（昭和38）年の義務教育諸学校の教科用図書の無償措置に関する法律で規定されている。これらの法律を根拠として，今日においては，国は義務教育諸学校の児童生徒が使用する教科用図書を購入し，義務教育諸学校の設置者に無償で給付する（義務教

育諸学校の教科用図書の無償措置に関する法律第3条）。そして義務教育諸学校の設置者は，国から無償で給付された教科用図書を，それぞれ当該学校の校長を通じて，児童生徒に給与する（義務教育諸学校の教科用図書の無償措置に関する法律第5条第1項）という流れとなる。

　また，諸々の理由により就学猶予や就学免除がされている児童生徒や，就学義務のない外国籍家庭の児童生徒，在外教育施設等で学ぶ場合においても，教育を受ける権利や教育の機会均等の理念から教科書は無償給与される。

　このように馴染みのある教科書であるが，教科書が作成されてから子どもたちの手に渡るまでには，様々な審査を経なければならず，これは教科書の果たす役割が非常に重いということでもある。

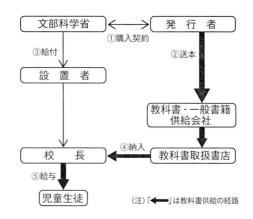

図3-30-1　教科書無償給与の仕組み

〈出典: 文部科学省ホームページ「教科書無償給与制度」〈URL:https://www.mext.go.jp/
a_menu/shotou/kyoukasho/gaiyou/04060901/1235098.htm〉）

参考文献・URL

窪田眞二・小川友次著（2020）『教育法規便覧』学陽書房。

鈴木勲編著（2017）『逐条学校教育法　第8次改訂版』学陽書房。

文部科学省ホームページ〈https://www.mext.go.jp/a_menu/shotou/kyoukasho/
main3_a2.htm〉2020年5月5日閲覧。

（澤田裕之）

Q 31　全国学力・学習状況調査について述べなさい

1. 導入の背景と意図

(1)「ゆとり教育」と学力低下批判

　1998（平成10）年に改訂された学習指導要領では，1970年代から続くいわゆる「ゆとり教育」の中で，「ゆとり」や「生きる力」が重視され，学校週五日制の全面実施，授業時間・内容の約3割削減，「総合的な学習の時間」の新設などがなされた。このような「ゆとり教育」の推進に対して，児童生徒の学力低下を危ぶむ批判が高まった。これに対して，文部科学省は，2002（平成14）年に遠山敦子文部科学大臣による「学びのすすめ」を発表し，「ゆとり」は，「ゆるみ」ではなく「確かな学力」を養成するものであると強調した。しかし，2003（平成15）年に実施された経済協力開発機構（OECD）によるPISA調査（Programme for International Student Assessment）と国際教育到達度評価学会（IEA）による国際数学・理科教育動向調査（TIMSS：Trends in International Mathematics and Science Study）の結果において，世界各国と比較した場合の日本の順位が低下しており，文部科学省も日本の児童生徒の学力が世界トップレベルとは言えないとして，「全国的な学力調査」の実施を検討することとなった。

(2) 義務教育の構造改革

　2005（平成17）年の中央教育審議会答申「新しい時代の義務教育を創造する」では，学ぶ意欲や生活習慣の未確立，後を絶たない問題行動など義務教育をめぐる状況には深刻なものがあり，公立学校に対する不満も少なくないとの状況認識のもと，「今こそ，義務教育の構造改革が必要である」として，義務教育の構造改革の基本方向を次のように示した。「①国が明確な戦略に基づき目標を設定してそのための確実な財源など基盤整備を行った上で，②教育の実施面ではできる限り市区町村や学校の権限と責任を拡大する分権改革を進めるとともに，③教育の結果について国が責任を持って検証す

る構造への転換を目指すべきである。いわば国の責任によるインプット（目標設定とその実現のための基盤整備）を土台にして，プロセス（実施過程）は市区町村や学校が担い，アウトカム（教育の結果）を国の責任で検証し，質を保証する教育システムへの転換」である。そして，このアウトカム（教育の結果）を国の責任で検証する，言い換えれば「子どもたちの学習の到達度・理解度を把握し検証する」ための「全国的な学力調査」が提言され，2007（平成19）年度から実施されているのが「全国学力・学習状況調査」である。ただし，実施に際しては，「子どもたちに学習意欲の向上に向けた動機付けを与える観点も考慮しながら，学校間の序列化や過度な競争等につながらないよう十分な配慮が必要である」とされた。

2．調査の目的と実施概要

　上記のような背景と教育改革における位置づけを有している本調査の目的は，以下のように定められている。

- ・義務教育の機会均等とその水準の維持向上の観点から，全国的な児童生徒の学力や学習状況を把握・分析し，教育施策の成果と課題を検証し，その改善を図る。
- ・学校における児童生徒への教育指導の充実や学習状況の改善等に役立てる。
- ・そのような取組を通じて，教育に関する継続的な検証改善サイクルを確立する。

　調査対象は，小学校6年生，中学校3年生であり，調査内容は，「教科に関する調査（国語，算数・数学）」と「生活習慣や学校環境に関する質問紙調査」（「児童生徒に対する調査」と「学校に対する調査」）からなる。「教科に関する調査」は，2012（平成24）年度から理科が，2019（平成31，令和元）年度から英語がそれぞれ追加された（理科，英語は3年に1度程度の実施）。また，それまで主として知識を問うA問題と主として活用を問うB問題からなる問題形式は，同年度から「知識」と「活用」を一体的に問う問題形式で実施された。調査方式は，2007（平成19）年度〜2009（平成21）年度が悉

皆調査，2010（平成22）年度，2012（平成24）年度が抽出調査（都道府県毎に平均正答率が95％の確率で誤差1％以内になるよう抽出率を設定（抽出率約30％））及び希望利用方式（抽出調査対象以外の学校は，学校の設置管理者の希望により，調査を利用することができる）であり，2013（平成25）年度はきめ細かい調査が実施された。きめ細かい調査では，対象学年の全児童生徒を対象とした本体調査により，すべての市町村・学校等の状況を把握するとともに，①経年変化分析，②経済的な面も含めた家庭状況と学力等の状況の把握・分析，③少人数学級等の教育施策の検証・改善に資する追加調査等が新たに実施された。その後，2014（平成26）年度以降は，悉皆調査となっている。なお，2011（平成23）年度は，抽出調査及び希望利用方式で実施予定だったが，東日本大震災の影響等を考慮し，中止された。

　調査結果の公表・提供は，国全体，各都道府県・指定都市，地域の規模等における調査結果が公表され，教育委員会及び学校に当該教育委員会・学校の調査結果を提供し，児童生徒には個人票が提供されている。

3．調査結果と今後の課題

　2019（平成31）年度の全国学力・学習状況調査は，全国の国公私立の小学校6年生，中学校3年生，約217.4万人，約2.9万校を対象に実施された。実施科目は，国語，算数・数学に加えて英語が中学校で実施された。

　調査結果から，以下のような状況が明らかとなった。小，中学校ともに「国語の勉強／算数の勉強が好き」だと回答した児童・生徒の方が平均正答率が高い傾向が見られた。また，中学校の英語に関して，「英語の勉強は好きか」との質問に肯定的に回答した生徒の割合は5割を超えており，国語や数学とほぼ同程度であるが，「英語の授業はよく分かりますか」との質問に肯定的な回答をした生徒の割合は6割を超えているものの，国語や算数と比べてやや少なかった。

　学校の指導状況と生徒の受け止め方に関しては，即興で自分の考えを英語で伝え合う言語活動や，聞いたり読んだりした内容について英語で書いてまとめたり自分の考えを書いたりする言語活動を行っている学校と行っていな

い学校では,「英語の勉強が好き」という生徒の割合に2倍以上の大きな差が出ていた。就学援助を受けている児童生徒の割合を考慮した三重クロス分析(学校質問紙)においても,課題の解決に向けて,自分で考え,自分から取り組む授業を行っている学校の方がすべての教科において平均正答率が高い傾向が見られた。

ICTの活用状況に関しては,児童生徒ともに,授業でのコンピュータなどのICTの使用頻度が高いほど,もっと活用したいという興味関心が高くなる傾向が見られた。

児童・生徒の自己肯定感や挑戦心,達成感等に関しては,「難しいことでも,失敗を恐れないで挑戦する」との質問に肯定的に回答した児童生徒ほど,授業で学んだことをほかの学習に生かそうとしたり,国語,算数,英語等の学習においても,主体的な姿勢をとったりする傾向があった。

以上のような調査結果を踏まえ,各都道府県・市町村の教育委員会,学校で授業改善が進められている。しかし,この全国調査そのものには,当初からその実施方法(悉皆調査の必要性)や結果公開のあり方(市町村別,学校別の結果公表の是非),競争主義の助長(テスト結果に基づく学校選択や教員評価の是非)などが批判されてきた。また,就学援助率と(低)学力の強い相関が明らかになっているように,教育,学校だけではなく,広く社会経済的背景,要因への対応が求められている。

参考文献・URL

藤田英典編著(2007)『誰のための「教育再生」か』岩波書店。
文部科学省(2009)『平成20年度全国体力・運動能力,運動習慣等調査』。
文部科学省「全国学力・学習状況調査の概要」〈https://www.mext.go.jp/a_menu/shotou/gakuryoku-chousa/zenkoku/1344101.htm〉2020年2月10日閲覧。
文部科学省「平成31年度(令和元年度)全国学力・学習状況調査の結果(概要)」〈https://www.nier.go.jp/19chousakekkahoukoku/19summary.pdf〉2020年2月11日閲覧。　　　　　　　　　　　　　　(滝沢　潤)

Q 32　全国体力・運動能力，運動習慣等調査について述べなさい

1．調査の目的

　2008（平成20）年から実施されている「全国体力・運動能力，運動習慣等調査」は，次のような目的で実施されている。

①子どもの体力が低下している状況にかんがみ，国が全国的な子どもの体力の状況を把握・分析することにより，子どもの体力の向上に係る施策の成果と課題を検証し，その改善を図る。

②各教育委員会，学校が全国的な状況との関係において自らの子どもの体力の向上に係る施策の成果と課題を把握し，その改善を図るとともに，そのような取組を通じて，子どもの体力の向上に関する継続的な検証改善サイクルを確立する。

③各学校が各児童生徒の体力や生活習慣，食習慣，運動習慣を把握し，学校における体育・健康に関する指導などの改善に役立てる。

　本調査は，同年に策定された第1期教育振興基本計画においても「基本的方向2　②規範意識を養い，豊かな心と健やかな体をつくる」の中で，「全国体力・運動能力等調査の実施と体力向上の取組の推進」として位置付けられており，「昭和60年頃から長期的に低下傾向にある子どもの体力を上昇傾向に転じさせ，昭和60年頃の水準への回復を目指す」とされている。この調査の目的は，前年（2007（平成19）年）から実施されている「全国学力・学習状況調査」における目的と同様，状況の把握・分析，教育施策の成果と課題の検証を踏まえ改善を図り，指導の改善に役立てながら，検証改善サイクルを確立する構造となっている。このことは，「全国学力・学習状況調査」が，2005（平成17）年の中央教育審議会答申「新しい時代の義務教育を創造する」の中で「義務教育の構造改革」の要諦として位置付けられていることから，学力（知育）と同様，体力（体育）の向上も新たな義務教育の構造

（国による目標設定，地方裁量による実施，国による検証）の中で図っていこうとするものであると言える。

2．調査の概要

　本調査は，上記の目的のもと，国・公・私立学校の小学校5年生，特別支援学校小学部5年生及び，中学校2年生，中等教育学校2年生，特別支援学校中学部2年の全児童生徒を対象とした調査となっている。

　調査内容は，（1）児童・生徒に対する調査と（2）学校に対する質問紙調査からなる。

　（1）児童・生徒に対する調査については，測定方法等が新体力テストと同様の「ア　実技に関する調査（「実技調査」）」と「イ　質問紙調査」からなる。「ア　実技に関する調査（「実技調査」）」は，小学校が8種目（握力，上体起こし，長座体前屈，反復横とび，20mシャトルラン，50m走，立ち幅とび，ソフトボール投げ），中学校が8種目（握力，上体起こし，長座体前屈，反復横とび，持久走（男子1500m，女子1000m）又は20mシャトルラン，50m走，立ち幅とび，ハンドボール投げ）となっている。「イ　質問紙調査」は，生活習慣，食習慣，運動習慣に関する質問紙調査（「児童・生徒質問紙調査」）である。

　（2）学校に対する質問紙調査は，学校における体育的行事の実施状況，体育専科教員及び外部指導者の導入状況，屋外運動場の状況，運動部活動の状況等に関する質問紙調査（「学校質問紙調査」）である。

3．調査結果と今後の課題

　2008（平成20）年の調査結果からは，運動する子どもとしない子どもの二極化が特に中学生にみられることや，1985（昭和60）年度の体力水準への到達状況などについて，上述の「体力・運動能力調査」では，詳細に把握できなかったことについて明らかとなった。また，体力を向上させるためには，体力そのものを向上させる取組を行うとともに，運動習慣や生活習慣の改善が重要であることも検証された。

　2019（令和元）年の調査は，対象児童生徒の95％以上（小学校98.0％，中学校95.5％），小中学校合わせて215万人以上が参加して行われた。調査結果からは，体力合計点（各テスト項目に係る得点を合計した点数の平均値）について，2008（平成20）年度の調査開始以降，小学生男子は過去最低の数値であった。また，児童生徒の運動時間（体育・保健体育の授業を除く1週間の総運動時間）別に体力合計点を比較すると，運動時間が420分以上の児童生徒の体力合計点は，420分未満の児童生徒の体力合計点に比べて高くなっていた。

　児童生徒の生活習慣と体力・運動能力との関係については，朝食を「毎日食べる」と回答した児童生徒は，それ以外（「食べない日もある」＋「食べない日が多い」＋「食べない」）の児童生徒と比較し，体力合計点が高い傾向がみられた。また，児童生徒のテレビ，DVD，ゲーム機，スマートフォン，パソコン等による映像の視聴時間と体力合計点の関係をみると，平日1日当たりの映像視聴時間が長時間になると体力合計点が低下する傾向がみられた。一方，運動が苦手な児童生徒に対しては，授業での助け合いや話し合い等の取組を行うと，行っていない場合に比べ，運動やスポーツが「好き」の割合が高くなる傾向がみられた。調査報告書では，このような運動が苦手な児童生徒が「運動やスポーツが楽しい」と感じている児童生徒が多い学校の取り組み事例を紹介し，そうした取り組みの普及を図っている。

参考文献

中央教育審議会（2005）「新しい時代の義務教育を創造する（答申）」

『教育振興基本計画』（平成20年7月1日）

文部科学省（2009）「平成20年度全国体力・運動能力，運動習慣等調査」。

スポーツ庁（2019）「平成30年度体力・運動能力調査報告書」。

スポーツ庁（2019）「令和元年度全国体力・運動能力，運動習慣等調査結果の概要について」

（滝沢　潤）

第4章　教職員

Q 33　教員免許制度について述べなさい

1．教員免許状の種類

　わが国の教員免許制度を支えている理念として，相当免許状主義がある。これは，学校の種別（幼・小・中・高・特別支援学校）や教科別（国語，数学，音楽等）にそれぞれ相当する免許状を有していなければ，教壇に立つことができないとするものである。ただし，2002（平成14）年に教育職員免許法（以下，教免法）が改正されて以降，免許状の総合化・弾力化が進められてきた。例えば，同法では「免許状を要しない非常勤の講師」（第3条の2）が挙げられており，小学校における教科の領域の一部を教える非常勤講師等は免許状がなくても教えることができるようになっている。また，近年では義務教育学校の設置に代表される小中一貫教育の推進を背景に，中学校の免許状保持者が小学校で一定の教科や領域を担任できるようになっている。

　教員免許状は，大きく普通免許状，特別免許状，臨時免許状の3つに分けられる。それぞれの免許状は都道府県教育委員会によって授与されるが，普通免許状のみすべての都道府県で効力を有するものとなっている。

（1）普通免許状

　普通免許状には，学校種ごとの教諭の免許状，養護教諭の免許状，そして栄養教諭の免許状がある。学校種ごとの免許状は，中学校および高校の場合は教科別に授与され，特別支援学校の場合は一または二以上の特別支援教育領域について授与される。普通免許状は，大学等の教職課程を履修し所定の単位を修得した者もしくは教育職員検定に合格した者に授与される。また，取得学位（修士，学士，短期大学士）および修得単位数によって，専修免許状，一種免許状，二種免許状に分けられる（ただし，高校の免許状には二種免許状はない）。なお，教免法第9条の5において，二種免許状を有する者に対して一種免許状の取得が努力義務化されている。普通免許状の有効期間は10年間とされ，その間に後述する教員免許状更新講習を受講・修了すること

で有効期間を更新することができる。

（2）特別免許状

　特別免許状は，特に社会人の積極的な登用を目的として，1988（昭和63）年の教免法改正により設置された免許状である。学校の種類ごとの免許状であるが，中学校と高校が教科別になっているだけでなく，小学校も教科別に存在し，特別支援学校の場合も自立教科について授与されるものとなっている。特別免許状は，都道府県教育委員会が実施する教育職員検定に合格した者に授与される。教育職員検定の基準は都道府県教育委員会によって異なるが，一般的には教科に関する専門的な知識・技能や教員の職務を遂行するのに必要とされる熱意と識見について，それまでの経験や推薦状，志望理由書，面接等で評価される。有効期間は10年間であり，普通免許状と同様に，免許状更新講習を受講・修了することで有効期間を更新することができる。近年では，複雑化する教育課題に対応する多様な人材が教職に求められている中で，特別免許状の積極的な活用が進められている。

（3）臨時免許状

　臨時免許状は，普通免許状を有する者を採用できない場合に限り，都道府県教育委員会による教育職員検定に合格した者に授与される。学校の種類ごとの助教諭の免許状（中学校と高校は教科別）と養護助教諭の免許状がある。有効期間は3年間であり，更新はない。臨時免許状は，あくまでも普通免許状を有する者を採用できない場合とあるように，安易な授与が避けられてきた。しかし，近年の教員不足の問題を背景に，免許状が失効した退職者や免許状を更新できなかった教員に対して臨時免許状をやむを得ず授与することができるようになっている。

２．教員免許状の失効・取り上げ

　教員免許制度では，上述した授与の仕組みだけでなく，何かしら問題が生じた場合の失効および取り上げの仕組みも整備されている。教免法第10条で規定されている免許状の失効は，禁錮以上の刑に処されたり，公立学校教員が懲戒免職の処分を受けたりした際に，免許状の効力が失われることを意

味する。他方で，同法第11条に規定されている免許状の取り上げは，特に国立学校や私立学校において懲戒免職に相当する処分を受けた場合や，免許状を有する者が教員にふさわしくない行為を行いその情状が重いと判断された場合等に免許管理者（都道府県教育委員会）によってなされる行為である。これらの条文に基づいて失効および取り上げを行った免許管理者は，対象者の失効または取り上げの理由や氏名等を官報で公示することになっている。また，懲戒免職・分限免職で失効および取り上げとなった場合は，3年間は免許状を授与される資格がない。

3. 教員免許状更新講習

　2009（平成21）年4月1日より教員免許更新制度が始まり，これ以降に教員免許状を取得した場合には有効期間が設定されるようになった。そして，教員の仕事を継続するのであれば，10年の間に教員免許状更新講習（以下，講習）を受講・修了し，免許状の有効期間を更新することが必要となっている。他方で，2009年3月31日以前に教員免許状を取得している場合は，「有効期間」が設定されるわけではない。ただし，講習の基本的な枠組みは同様に適用され，確認期限（生年月日ごとの10年サイクル）までに講習を受講・修了することが求められる。

　講習の受講対象者（受講できる者）となるのは，①現職教員（校長，副校長，教頭を含む。ただし，指導改善研修中の者を除く），②実習助手，寄宿舎指導員，学校栄養職員，養護職員，③教育長，指導主事，社会教育主事，その他教育委員会において学校教育又は社会教育に関する指導等を行う者等が挙げられる。また，非常勤講師のリストに名前がある者や過去に教員として勤務した者等の今後教員になる可能性が高い者も対象となる。一方で，講習の受講・修了が免除となる者もいる。講習を受ける時に校長，副校長，教頭，主幹教諭，指導教諭という管理職の立場にある者，そして上述した③に該当する者，講習の講師がそれに該当する。また，文部科学大臣や教育委員会等から優秀教員の表彰をされた者も，一回に限り，講習の受講・修了が免除となる。

　講習は一般的に，教職課程を有する大学や教育委員会（都道府県，指定都市，中核市）等によって開設されている。講習受講対象となる2年の間に，合計30時間以上の講習を受講することが求められている。講習は，必修領域（6時間以上），選択必修領域（6時間以上），選択領域（18時間以上）の3つに分けられている。必修領域は，全ての対象者が受講する領域であり，「国の教育政策や世界の教育の動向」，「教員としての子ども観，教育観等についての省察」，「子どもの発達に関する脳科学，心理学等における最新の知見（特別支援教育に関するものを含む。）」，「子どもの生活の変化を踏まえた課題」の事項を網羅した講習が開設される。選択必修領域は，受講者が自身の経験や勤務する学校種に応じて選択するものである。具体的には，「学校を巡る近年の状況の変化」や「法令改正及び国の審議会の状況等」といった教育政策に関するものや，「カリキュラム・マネジメント」や「アクティブ・ラーニング」といった教育方法に関するもの，「教育相談（いじめ及び不登校への対応を含む。）」や「進路指導及びキャリア教育」といった生徒指導の要素が含まれるもの等，幅広い事項が設定されており，それらから選択することになる。選択領域は，受講者が任意に選択するものであり，教科指導や生徒指導に関する講習が大学等の特色に合わせて開設されている。それぞれの講習の終了後には，修了認定試験が実施され，講習内容に関する基礎的な知識技能が修得されていると判断された場合に，修了認定が行われることになる。

　近年では，講習に対して，既存の研修制度との重複や教員の負担の大きさといった課題が指摘されており，その実質化に向けた議論が進められている。

参考URL

文部科学省「教員免許更新制」〈https://www.mext.go.jp/a_menu/shotou/koushin/〉
　　　　2020年2月20日閲覧。

（佐藤　仁）

Q 34　教員養成制度について述べなさい

1. 教職課程の概要

　わが国の教員養成制度は，戦後教育改革によって示された2つの原則の上に成り立っている。それは，大学における教員養成と開放制である。大学における教員養成とは教員養成は大学で行われることを意味しており，開放制とは教員養成系大学や教育学部だけでなく，その他の大学や学部においても教員養成ができることを意味している。この2つは，別々に存在している考え方ではない。多様な人材を保証する開放制の仕組みは，大学が教員養成に責任を有するという大学における教員養成によって支えられることになる。

　この原則に基づく制度的構造として，教職課程の設置がある。教職課程とは，教員免許状取得に必要な一連の科目を開設する課程であり，文部科学大臣からの認定（以下，課程認定）を受けたものを指す。課程認定は，大学における学科等を対象に，教育職員免許法および同法施行規則に加え，教職課程認定基準に基づいて行われる。2019（平成31）年4月1日の時点で教職課程を有する大学（4年制）は606校，全大学の80.2％に及んでいる。

　教職課程で提供される科目の内容および必要な単位数は，教育職員免許法施行規則で定められている。表4-34-1は中学校（一種免許状の場合）の教職課程の科目を示している。

　また，それぞれの科目で盛り込む内容（教科に関する専門的事項と教職実践演習は除く）の詳細は，文部科学省が作成した教職課程コアカリキュラムにおいて定められている。同コアカリキュラムでは，表4-34-1で示されている「含める事項」ごとに全体目標が設定され，その下に複数の一般目標，さらにその下に複数の到達目標が設定されている。例えば，「教育の理念並びに教育に関する歴史及び思想」ではまず全体目標が設定されているうえで，一般目標が3つ設定してあり，その下にさらに到達目標が合計で8つ設定されている。課程認定では，科目を設置する際にこれらの目標が内容に盛り込

表4-34- 1：教職課程の科目の事例（中学校一種免許状の場合）

	含める事項	単位数
教科及び教科の指導法に関する科目	○教科に関する専門的事項○各教科の指導法（情報機器及び教材の活用を含む。）	28
教育の基礎的理解に関する科目	○教育の理念並びに教育に関する歴史及び思想○教職の意義及び教員の役割・職務内容（チーム学校運営への対応を含む。）○教育に関する社会的，制度的又は経営的事項（学校と地域との連携及び学校安全への対応を含む。）○幼児，児童及び生徒の心身の発達及び学習の過程○特別の支援を必要とする幼児，児童及び生徒に対する理解○教育課程の意義及び編成の方法（カリキュラム・マネジメントを含む。）	10
道徳，総合的な学習の時間等の指導法及び生徒指導，教育相談等に関する科目	○道徳の理論及び指導法○総合的な学習の時間の指導法○特別活動の指導法○教育の方法及び技術（情報機器及び教材の活用を含む。）○生徒指導の理論及び方法○教育相談（カウンセリングに関する基礎的な知識を含む。）の理論及び方法○進路指導及びキャリア教育の理論及び方法	10
教育実践に関する科目	○教育実習（学校体験活動を2単位まで含むことができる。）○教職実践演習	7
大学が独自に設定する科目		4
合計		59

（筆者作成）

まれているかと同時に，その科目を大学教員が担当できるかが問われることになる。

　表4-34-1に挙げられている科目以外にも，教員免許状取得に必要な科目として，教育職員免許法施行規則第66条の6に規定されている科目がある。それらは，日本国憲法，体育，外国語コミュニケーション，そして情報機器の操作であり，それぞれ2単位を修得する必要がある。さらに，小学校もしくは中学校の教員免許状を取得するためには，特別支援学校または社会福祉施設等での7日間の介護体験を行わなければならないことになっている（小学校及び中学校の教諭の普通免許状授与に係る教育職員免許法の特例等に関する法律）。

２．実践的指導力の育成

　近年の教員養成において重視されてきたことが，実践的指導力の育成である。実践的指導力は，中央教育審議会の答申において教員に必要な資質能力の一つとして度々取り上げられてきた。「実践的」という言葉が示しているように，大学での学びだけではなく，学校現場での学びによって獲得されることが期待されている。そのため，教員養成において，大学と学校の連携や学校での経験といった活動が多くみられるようになってきている。

　実践的指導力の育成に関して，制度的に位置付けられたものとしては，2010（平成22）年度から導入された教職実践演習の設置と履修カルテの記入が挙げられる。教職実践演習では，学生が教職課程での学びを記載してきた履修カルテを基にしながら，教員に必要な知識や技能等を身に付けているかどうかを確認し，さらにそれを補完することが求められている。そのため，実際の演習の中ではディスカッションやロールプレイだけではなく，学校現場の見学・調査といった活動も想定されている。

　また，大学と教育委員会や学校が連携し，学生が一定期間，学校現場でのボランティア等を行う活動も展開されている。例えば福岡市教育委員会は，2004（平成16）年から近隣の大学と協定を結び，学生が学校現場の活動をサポートする「学生サポーター制度」を構築している。こうした教育委員会・学校と大学による学校現場での活動が増えてきたことを背景に，2019年度から教育実習とは異なる「学校体験活動」を教職課程の科目の単位として設置できるようになっている。

　さらに都道府県や政令都市教育委員会の取り組みとして，教員を目指す学生を対象にした「教師塾」を設置する動きも多くみられる。教師塾では，現職教員や指導主事による講座を通して実践的な知識やスキルを身に付けたり，学校現場においてそうした実践的スキルを活かしたりする活動が行われている。自治体によっては，教師塾での活動を教員採用試験で活用する動き（例えば特別枠を設ける等）も見られる。

3．教員の養成・採用・研修の一体化

　今後の教員養成は，実践的指導力の育成を踏まえながら，養成から採用そして研修に至る一連の構造の中で位置付けられるようになる。例えば，「学び続ける教員像」というコンセプトの重視がある。急速に変化していく社会を生きる子どもを育成する教員には，自身がそうした変化を的確に読み取り，状況に応じた適切な指導をすることが求められる。ゆえに，教員は自らのキャリアステージを歩んでいく中で，常に学び続ける必要があるわけである。

　この一連の教員の学びを構造化するものとして，教員育成指標がある。教員育成指標は，教員がキャリアステージに応じて身に付けるべき資質や能力を示したものである。都道府県および政令都市教育委員会は，大学関係者等を含めた協議会を設置し，教員育成指標を作成することが義務付けられている（教育公務員特例法第22条の5）。自治体で策定された教員育成指標の多くは，キャリアステージのスタートとして養成段階に着目しており，その段階から求められる資質・能力を示している。そのため，教職課程を設定している大学は，教職課程コアカリキュラムに加えて，教員育成指標を踏まえながら，教員養成を展開することが求められるわけである。

参考文献

中央教育審議会（2015）「これからの学校教育を担う教員の資質能力の向上について〜学び合い，高め合う教員育成コミュニティの構築に向けて〜（答申）」。

教職課程コアカリキュラムの在り方に関する検討会（2017）「教職課程コアカリキュラム」。

（佐藤　仁）

Q 35　教員採用制度について述べなさい

1．教員採用選考試験の全国的動向

　公立学校の教員採用は，都道府県または指定都市教育委員会（大阪府豊能地区を含む）によって行われている。地方公務員である公立学校教員の採用は，「競争試験」ではなく「選考」（教育公務員特例法第11条）で行われる。各自治体が求める教員像にふさわしい資質能力を有しているかどうかが問われるため，多様な選考方法が採られているのが現状である。なお，私立学校の教員採用は基本的には各学校によって行われる（都道府県によっては，私立学校協会等が取りまとめる場合もある）。以下，特に断りのない限り，公立学校の教員採用制度について述べていく。

　全国の教員の採用者数は2001（平成13）年度を境に一貫して増加傾向にある一方で，受験者数が減少傾向にあることから，採用倍率は低下傾向にある。2018（平成30）年度に実施された全国の教員採用選考試験の採用倍率は4.2倍となっており，過去25年間で最も低くなっている。特に小学校の採用倍率は2.8倍であり，過去40年間で最低となっている（1991（平成3）年度も2.8倍）。小学校に比べると，中学校は5.7倍，高等学校は6.9倍と高い値となっているが，全体の状況と同様に，いずれも過去25年間で最も低い。こうした採用倍率の低下の背景には，団塊の世代を中心とした教員の大量退職の状況がある。一方で特に近年は，民間企業等の就職状況が好転していることや，教員の長時間労働や多忙化の問題がクローズアップされたことも，新規学卒者の受験者数減少の一因と考えられる。ただし今後は，教員の退職者数が減少傾向に転じることが予想されており，それに伴って採用者数も減少する見通しが示されている。

　また，当然のことながら，教員の採用状況は自治体によって大きく異なる（さらに言えば，中学校・高校は教科によっても状況は大きく異なる）。例えば，小学校の採用倍率が最も高い兵庫県が6.1倍であるのに対して，最も低

い新潟県は1.2倍となっており，大きな乖離が見られる（表4-35-1参照）。自治体のこうした差は，教員採用に関する中長期的な計画の差と言えるものであり，文部科学省は教員の質の確保や年齢構成のバランスという観点から，計画的な教員採用・人事のあり方を各自治体に求めている。

表4-35-1　小学校の採用倍率が高い／低い県市（2018年度実施）

	採用倍率が高い県市		採用倍率が低い県市	
1	兵庫県	6.1倍	新潟県	1.2倍
2	高知県，相模原市	5.8倍	福岡県	1.3倍
3			佐賀県	1.6倍
4	群馬県	5.5倍	北海道・札幌市，北九州市	1.7倍
5	三重県	5.0倍		

（出典：文部科学省（2019）より筆者作成）

2．多様な選考試験

　各自治体では，受験者の資質能力や教員の適性を多角的に把握し選考していくために，多様な方法を採用試験において用いている。また，多様な人材を採用するための特別選考や特例措置も多くの自治体で実施されている。

（1）試験の内容

　まず，ほとんどの自治体において，一次試験として課されているのが筆記試験である。筆記試験は，大きく教職教養，教科専門，一般教養の3つに分けられ，自治体によっては3つ全てを課したり，一般教養は課さなかったり，という違いがある。次に，受験する学校種や教科によっては，実技試験が課されることになる。該当するものとして，小学校の体育，音楽，外国語活動や，中・高校の音楽，美術，保健体育，英語等が挙げられる。小学校の実技試験は多くの自治体では二次試験で行われるのに対し，中学校の実技試験については一次試験で行われる自治体も少なくない。また，面接試験もすべての自治体で実施されている。面接試験は，個人面接と集団面接に分けられるが，両方とも実施している自治体も多い。個人面接は二次試験以降に実施されることが多く，対して集団面接は一次試験で行う自治体が多い。面接で

は，自己PRや大学時代に学んだことといった個人的な経験が問われるだけでなく，学校現場が抱えている問題や社会問題等に対する自らの見解等も問われることになる。これらの試験に加えて，作文・小論文，模擬授業，場面指導，指導案作成，適性検査等も行われている。特に模擬授業や場面指導では，実際の授業や場面（例えば，帰りの会であったり，クラスでいじめが発覚した場合であったり）でどのように行動するかが見られ，実践的な指導力が問われるものとなっている。

（2）特別選考や特例等の措置

上述した試験の内容は，受験者全員に共通するものであるが，ほとんどの自治体において特別選考や特例措置を行っている。特別選考として挙げられるのが，特定の資格や経歴を有する受験者を対象としたものである。例えば，英語の資格（英検やTOEIC等）を活用している自治体は全68の自治体中58に及んでおり（2018年度），資格によって一部の試験を免除したり，筆記試験等で加点されたりといった特別の選考が行われている。その他にも，スポーツの技能や実績（国際レベルの大会や全国大会での実績等），芸術の技能や実績（作品等の受賞），国際貢献活動経験（青年海外協力隊の経験等），民間企業経験によって，上述したような特別選考が行われている。また，教職経験者（他自治体での正規教員，常勤講師，非常勤講師等の経験）に対して特別選考を行っている自治体も多い。さらに，障害のある者を対象とした特別選考がほとんどの自治体で実施されている。

近年では，特例措置として各自治が講じているものとして，大学院在学者や進学者に対する措置がある。これは，採用試験に合格したが大学院在学や進学を理由に採用を辞退した者に対して，採用の延長や次年度以降の一部試験免除等の措置がとられることを意味する。特に，2008（平成20）年度から教職大学院が設置されたことにより，即戦力としての教員を採用する目的から，こうした措置を取る自治体が増加している。

3．教員採用制度の改革動向

教員採用をめぐっては，過去に試験における不正の問題（試験問題の漏洩

等）が取り上げられてきた。中でも，2008年に発覚した大分県の教員採用選考試験をめぐる汚職事件は，県教育委員会幹部や校長らが関わった事件として，社会的に大きな注目を集めた。そのため，教員採用選考試験の透明性や公平性を確保する取組がすべての自治体で進められている。具体的には，試験問題や解答・配点を公表するだけではなく，採用選考基準を公表したり，成績を本人に開示したりする措置を講じている。

　また，近年では，より高い専門性をもった多様な人材を採用していくための方策が議論されている。その一つが，教員採用試験における共通問題の作成に向けた検討である。特に筆記試験にかかる問題作成は，各自治体の大きな負担となっており，人物を重視した選考を十分に進められていない可能性が指摘されている。筆記試験にかかる教育委員会の負担を軽減することで，面接や模擬授業等を通した選考の実質化を図ろうというわけである。また，都道府県および政令都市教育委員会が作成した教員育成指標（教員のキャリアステージに応じて身に付けるべき資質能力を明確化したもの）に沿って採用活動を展開することで，より現場のニーズに合った人材を採用していくことが期待されている。

参考文献・URL

中央教育審議会（2015）「これからの学校教育を担う教員の資質能力の向上について〜学び合い，高め合う教員育成コミュニティの構築に向けて〜（答申）」。

文部科学省（2019）「令和元年度公立学校教員採用選考試験の実施状況のポイント」〈https://www.mext.go.jp/content/20191223-mxt_000003296_111.pdf〉2020年2月20日閲覧。

文部科学省「平成31年度公立学校教員採用選考試験の実施方法について」〈https://www.mext.go.jp/a_menu/shotou/senkou/1416037.htm〉2020年2月20日閲覧。

（佐藤　仁）

Q 36 教員研修制度について述べなさい

1. 研修の義務

　教員は，研修を受けなければならないのだろうか。教育基本法では，「法律に定める学校の教員は，自己の崇高な使命を深く自覚し，絶えず研究と修養に励み，その職責の遂行に努めなければならない。」（教育基本法第9条）と規定され，絶えず研究と修養（研修）に励むことが求められている。本条項を受け，教育公務員特例法において，「教育公務員は，その職責を遂行するために，絶えず研究と修養に努めなければならない。」（教育公務員特例法第21条）ことが示されている。つまり，教職の持つ「崇高な使命」を自覚した上で，研修に励むことが努力義務として示されている。

　一方，教育公務員特例法において，「公立の小学校等の教諭等の任命権者は，当該教諭等に対して，その採用の日から1年間の教諭の職務の遂行に必要な事項に関する実践的な研修（以下「初任者研修」という。）を実施しなければならない。」（教育公務員特例法第23条）「公立の小学校等の教諭等の任命権者は，当該教諭等に対して，個々の能力，適性等に応じて，公立の小学校等における教育に関し相当の経験を有し，その教育活動その他の学校運営の円滑かつ効果的な実施において中核的な役割を果たすことが期待される中堅教諭等としての職務を遂行する上で必要とされる資質の向上を図るために必要な事項に関する研修（以下，「中堅教諭等資質向上研修」という）を実施しなければならない。」（教育公務員特例法第24条）との規定がみられる。これらの規定から，任命権者に対し，研修の実施が義務付けられていることが分かる。

2. 研修の種類

（1）研修の種類

研修は，職責の重さの自覚から，教員が自主的に励むことが期待されてい

るが，教育公務員特例法第22条では，教員の研修を受ける機会を保障するために，任命権者に対し，教員研修の実施が義務付けられており，任命権者は多様な研修を計画している。

独立行政法人教員研修センターは，多様な研修を，実施場所から①自己研修，②校内研修，③校外研修の３つに分類する。①自己研修とは，教員が，自己研鑽のために「勤務時間外」に自発的に行う研修である。既述のように，教員は，教職の専門性や特殊性に鑑み，絶えず研修に励むことが期待されているため，「自己研修が基本」とされている。②校内研修は，特別に設定した校内で行う集合研修等と，日々の公務を通しての研修（ＯＪＴ）の２つに分けられる。③校外研修は，教育行政機関での研修，民間及び任意団体での研修，大学院での研修の３つに分けられる。教育行政機関での研修は，国レベルの研修，都道府県教育委員会での研修，市町村教育委員会での研修の３つのレベルがある。また，大学院での研修は，設置拡大が進められる教職大学院での実施が進められている。

（2）教員のライフステージと研修の実施体系

教員の研修を受ける機会を保障するために，都道府県・指定都市・中核市教育委員会等は，研修の計画的な実施に努める必要があり，初任者研修をはじめ各種研修の体系的な整備が図られている。また，国は，都道府県等の支援を行うとともに，独立行政法人教職員支援機構においてリーダー教員を対象とした研修や学校教育に係る喫緊の課題に対応した研修を実施している。

教員は教職経験や研修を通じて，その資質能力が育成されていくため，また，各ライフステージに応じて学校において担うべき役割が異なるため，各段階に応じた資質能力を身につけることが求められる。

（3）法定研修

法定研修とは，法令上の実施義務が課せられる研修である。上述した多様な研修の中で，「初任者研修」「中堅教諭等資質向上研修」が該当する。初任者研修では，新規採用された教員に対し，採用から１年間，実践的指導力と使命感を養うとともに，幅広い知見を得させることを目的に，学級や教科・科目を担当しながらの実践的研修が行われる。1988（昭和63）年に制度化

された。校内研修と校外研修の双方で実施され，校内研修は週10時間以上，年間300時間以上，授業観察などを中心に実施される。校外研修は，年間25日以上，教育センター等での講義や企業・福祉施設等での体験，青少年教育施設等での宿泊研修などが実施される。

「中堅教諭等資質向上研修」は，2003（平成15）年に法定研修として位置付けられた「10年経験者研修」を見直し，改めて規定された研修である。「中堅教諭等資質向上研修」への改正は，研修の実施時期の弾力化を図るとともに，学校における教育活動の円滑で効果的な実施において中核的な役割を果たすことが期待される中堅教諭等として必要な資質能力の向上をねらうとされた。

教員の資質能力向上が強く求められる中，2007（平成19）年に，教育職員免許法及び教育公務員特例法が合わせて一部改正された。同改正は，教員免許更新制の導入で注目されたが，「指導が不適切な教員」に対する指導改善研修が法定研修として位置付けられた。「公立の小学校等の教諭等の任命権者は，児童，生徒又は幼児（以下「児童等」という。）に対する指導が不適切であると認定した教諭等に対して，その能力，適性等に応じて，当該指導の改善を図るために必要な事項に関する研修（以下「指導改善研修」という。）を実施しなければならない。」（教育公務員特例法25条）。

3．教職員に求められる資質能力

（1）これからの時代の教員に求められる資質能力

2015（平成27）年12月の答申「これからの学校教育を担う教員の資質能力の向上について」では，教員の資質能力の向上を目指して，教員育成コミュニティの構築の構想が示された。その背景には，グローバルな潮流でもある急激な社会の変化に応じた教員の育成と教員の大量退職・大量採用による教員構成の不均衡などの国内の課題が存在する。

このような背景を踏まえて，同答申では，教員に求められる資質能力として，具体的に以下の3点を挙げている。

①これまで教員として不易とされてきた資質能力に加え，自律的に学ぶ姿

勢を持ち，時代の変化や自らのキャリアステージに応じて求められる資質能力を生涯にわたって高めていくことのできる力や，情報を適切に収集し，選択し，活用する能力や知識を有機的に結びつけ構造化する力。

　②アクティブ・ラーニングの視点からの授業改善，道徳教育の充実，小学校における外国語教育の早期化・教科化，ICTの活用，発達障害を含む特別な支援を必要とする児童生徒等への対応などの新たな課題に対応できる力量。

　③「チーム学校」の考えの下，多様な専門性を持つ人材と効果的に連携・分担し，組織的・協働的に諸課題の解決に取り組む力。

（2）養成・採用・研修を通じた方策

　学び続ける教員を支えるキャリアシステムの構築のための体制整備として，教員のキャリアステージに応じた学びや成長を支えていくための教員の養成・採用・研修の連携が必要である。そのために，「教職大学院を含む大学等と教育委員会の連携」が求められ，それを実現するための制度的枠組みが必要である。具体的に，養成・研修を計画・実施する際の基軸となる教員の育成指標を教育委員会と大学等が協働して作成するなど，連携強化を図る具体的な制度を構築することが構想されている。

　教員研修に関する改革の根底にある考え方は，「教員は学校で育つ」ものであり，同僚教員とともにOJTを通じて日常的に学び合う校内研修の充実や，自ら課題を持って自律的，主体的に行う研修に対する支援のための方策を講じる必要がある。具体的に，①継続的な研修の推進，②初任者研修の改革，③十年経験者研修の改革，④研修実施体制の整備・充実，⑤独立行政法人教員研修センターの機能強化の5つが示された。

参考文献

中央教育審議会（2015）『これからの学校教育を担う教員の資質能力の向上について』。

独立行政法人教職員支援機構（2018）『教職員研修の手引き2018―効果的な運営のための知識・技術―』。

文部科学省「教員研修」〈https://www.mext.go.jp/a_menu/shotou/kenshu/index.htm〉2020年2月1日閲覧。　　　　　　　　　　　　　　　（藤村祐子）

Q 37　教員評価について述べなさい

1．教員評価の法的根拠

　教員の人事評価のことを「教員評価」と呼ぶことが多い。以前は，「勤務評定」と呼ばれるものが実施されていたが，評価項目が明示されないことや上司からの一方的な評価で結果を知らされない，また，人事管理に十分活用されないなどの問題点が指摘されてきた（文部科学省）。2014年に地方公務員法が改正されたことに伴い，人事評価制度の実施が2016年度より義務付けられた。同法には次のように規定されている。「職員の人事評価は，公正に行われなければならない」（第23条），「任命権者は，人事評価を任用，給与，分限その他の人事管理の基礎として活用するものとする」（同条第2項），「職員の執務については，その任命権者は，定期的に人事評価を行わなければならない」（第23条の2第1項），「人事評価の基準及び方法に関する事項その他人事評価に関し必要な事項は，任命権者が定める」（同条第2項）。

2．目的・意義

　任命権者である都道府県や政令市の教育委員会では，人事評価制度を構築し，その目的・意義も示している。例えば，山形県教育委員会においては，「複数による評価や，評価対象，評価項目，評価基準等の明確化により，教職員一人一人の実績等を適正かつ公正に評価することができます」，「教職員が職務に取り組む姿勢や求められる能力，水準を自覚するとともに，自己目標を設定し，それに向かって課題解決に取り組むことで，資質や能力，意欲を向上させることができ，より保護者や地域に信頼される教職員へと成長することができます」，「評価者と評価対象者が面談を重ねることにより，お互いの緊密な意思疎通が図られ，共通理解が深まるとともに，勤務に対する協働意識を養うことができます」，「評価者については，細やかな観察や記録など，公正に評価するための評価眼が養われることにより，管理職としての資

146

質も向上させることができます」という4つを人事評価によって期待できるものとして挙げている。

3．内容

　企業での人事評価は，一般的に「人事考課」と呼ばれる。職務遂行能力を評価する「能力評価」と勤務態度や勤務意欲を評価する「情意評価」，さらに職務の成果や勤務成績を評価する「業績評価」で行われる（川上2018）。学校での人事評価は，「業績評価」と「能力評価」の2つで実施される。いずれかで行われることはない。例えば，山形県では前者を「個人ごとに設定した目標に対して，どれだけ達成することができたかを見るもの」とし，後者を「能力・姿勢評価」として，「職位ごとに求められる水準に照らして，どれだけの能力を発揮したか，また，業務遂行に対してどのような取組姿勢で臨んだかを見るもの」と定義している。

　現在，全ての都道府県・政令市（67教委）で教員評価は導入されている。ただし，評価の実施方法や評価結果を何にどう活かすかは，各自治体に委ねられているので実態は極めて多様である。例えば，教員評価と学校評価を連動させているかどうかでは67教委中39教委が，あるいは，評価結果を教諭等（管理職を除く教育職員）の表彰に活用している教委は同じく24教委が，指導改善研修の認定に活用している教委は26教委にとどまっている。一方で，評価結果を昇給・降給に反映させている教委は55，勤勉手当（いわゆるボーナス）に反映させている教委は53に上る（文部科学省2019）。

　教員評価の1年間のスケジュールをみてみると，例えば，高知県（市町村立学校に勤務する場合）では，おおよそ次のような流れになっている（文部科学省2015）。

　〈5月〉①目標設定シートの提出（校長に提出）。〈5～6月〉②当初面談：被評価者は，評価者との面談を通して自己目標の内容や能力目標達成への手立て等を確認し，必要に応じて目標の修正等を行う。〈8月〉③中間確認。〈1月〉④自己評価。〈2月〉⑤評価者による評価：教諭の場合は，教頭が一次評価，校長が二次評価者。評価者による評価は，被評価者との最終面談前

に実施する。評価は，評価対象期間内に把握した評価事実を，評価基準及び職種ごとの評価項目に照らして，絶対評価により5・4・3・2・1の5段階で実施する。〈2～3月〉⑥最終面談：評価者が被評価者の考え方等を聴き取るとともに，評価者の評価の考え方や自己評価に対する意見等を被評価者に伝える。⑦昇給内申書の提出：市町村教育長は，昇給内申書に勤務実績調書を添付し，県教育長に提出する。⑧昇給区分の決定：県教育長は，市町村教育長から提出された昇給内申書及び校長から提出された人事評価報告書をもとに昇給区分を決定する。

4．学校における人事評価の課題

　企業とは違い，学校で勤務する教職員の人事評価となると，特有の課題が出てくる。例えば，「目標の設定にあたっては，数値目標はなじまないのではないか」ということや，「教職員間で協力・連携して教育活動を行う場面も多く，そのような職場において，個人の評価はなじまないのではないか」ということである。千葉県においては次のような見解を示している。前者については，「目標の設定に当たっては，評価しやすい目標にすることが必要で」，「そのためには，達成基準を数値化できる場合は数値化することが求められ」，「教育活動は達成度を数値化できない場合もあり」，「その場合は，面談等を通じ，評価者と評価対象者との間で，目標が達成された状態や目標達成のための手立て等についてもよく話し合い，目標を達成するように」と述べている。後者については，「チームとして業務に当たる場合においても，各個人で果たすべき役割があり」，「そのような役割を担う上で，どのような目標を達成すべきなのか，周りの職員と連携・協力して業務に取り組んだか等の観点から適切に評価」すると述べている。

　また，教員自身の評価活動もさることながら，それを評価する管理職の評価活動，つまり，評価能力も重要になってくる。各教員に対する目標管理やフィードバックを通じた能力形成支援のほか，給与に限らない処遇への反映などが課題であると指摘されている（川上同上）。そして，教員評価を通じた教員の能力形成・向上が，その学校の学校経営の改善につながっていかな

ければならない。学校現場においては，教員評価を学校経営の改善につなげるためのシステム構築や運用方法については，十分なノウハウが蓄積されているとは言い難い。また，学校経営の改善といったとき，「業務改善」が鍵であり，教員の勤務負担軽減（メンタルヘルス管理も含む）や組織マネジメント力を高めていかなければならない。行政（教育委員会）の支援も受けながら，今後の学校現場での取り組みが注目される。

参考文献・URL

千葉県教育委員会「人事評価制度の概要について（平成30年4月）」〈https://www.pref.chiba.lg.jp/kyouiku/syokuin/kanri/jinjihyouka.html〉2020年4月28日最終閲覧。

川上泰彦（2018）「教員評価」日本教育経営学会編集『［講座　現代の教育経営5］教育経営ハンドブック』学文社。

文部科学省「3.「チームとしての学校」を実現するための具体的な改善方策　（3）教職員一人一人が力を発揮できる環境の整備」〈https://www.mext.go.jp/b_menu/shingi/chukyo/chukyo3/siryo/attach/1365981.htm〉2020年4月28日最終閲覧。

文部科学省（2015）「チームとしての学校・教職員の在り方に関する作業部会」第10回配付資料　資料1-1　高知県教育委員会提出資料〈https://www.mext.go.jp/b_menu/shingi/chukyo/chukyo3/052/siryo/1359969.htm〉2020年5月19日最終閲覧。

文部科学省（2019）「平成30年度公立学校教職員の人事行政状況調査について」〈https://www.mext.go.jp/a_menu/shotou/jinji/1411820_00001.htm〉2020年4月28日最終閲覧。

山形県教育委員会「人事評価制度の手引き《教職員人事評価》」〈https://www.pref.yamagata.jp/bunkyo/kyoiku/iinkai/7700026H29hyoka.html〉2020年4月28日最終閲覧。

（川口有美子）

Q 38 教職員の種類とそれぞれの職務について述べなさい

1.「教職員」とは誰のことか

　学校教育にかかわる職務に従事する人びとのことを,「教育公務員」「教員」「教育職員」等と呼んでいるが, ここでは,「教職員」とし, その定義は次の法律によるものとする。

　公立義務教育諸学校の学級編制及び教職員定数の標準に関する法律（以下, 標準法とする）第2条第3項には,「この法律において『教職員』とは,

表4-38-1　学校種ごとの教職員配置

学校種	必置	置かないことができる	置くことができる
小, 中学校義務教育学校（学校教育法第37, 49, 49条の8）	校長, 教諭	教頭（副校長を置くときその他特別の事情があるとき）, 養護教諭（養護をつかさどる主幹教諭を置くとき）, 事務職員（特別の事情があるとき）	副校長, 主幹教諭, 指導教諭, 栄養教諭, その他必要な職員, 助教諭, 講師, 養護助教諭
高等学校（学校教育法第60条）	校長, 教頭, 教諭, 事務職員	教頭（副校長を置くとき）	副校長, 主幹教諭, 指導教諭, 養護教諭, 栄養教諭, 養護助教諭, 実習助手, 技術職員, その他必要な職員, 助教諭, 講師
中等教育学校（学校教育法第69条）	校長, 教頭, 教諭, 事務職員	教頭（副校長を置くとき）, 養護教諭（養護をつかさどる主幹教諭を置くとき）	副校長, 主幹教諭, 指導教諭, 栄養教諭, 実習助手, 技術職員, その他必要な職員, 助教諭, 講師, 養護助教諭
特別支援学校（学校教育法第79, 82条）	校長, 教頭, 教諭, 事務職員, 寄宿舎指導員（寄宿舎を設ける場合）	教頭（副校長を置くとき）, 養護教諭（小・中学部養護をつかさどる主幹教諭を置くとき）	副校長, 主幹教諭, 指導教諭, 養護教諭（高等部）, 栄養教諭, 養護助教諭, 実習助手, 技術職員, その他必要な職員, 助教諭, 講師

（筆者作成）

校長，副校長及び教頭（中等教育学校の前期課程にあつては，当該課程の属する中等教育学校の校長，副校長及び教頭とし，特別支援学校の小学部又は中学部にあつては，当該部の属する特別支援学校の校長，副校長及び教頭とする。），主幹教諭，指導教諭，教諭，養護教諭，栄養教諭，助教諭，養護助教諭，講師，寄宿舎指導員，学校栄養職員（学校給食法（昭和29年法律第160号）第7条に規定する職員のうち栄養の指導及び管理をつかさどる主幹教諭並びに栄養教諭以外の者をいう。以下同じ。）並びに事務職員（それぞれ常勤の者に限る。第17条を除き，以下同じ。）をいう」と規定されている。校長以下事務職員まで14の教職員が規定されている。

　ただし，これらは，「必置」の教職員のほか，「置かないことができる」と「置くことができる」の3つに分けられ，学校種ごとにそれぞれ異なる位置づけがなされている。表4-38-1を参照されたい（標準法にはあてはまらない高等学校等のケースや上記14の教職員以外についても掲載しておく）。

2．職務内容について

　上記14の教職員の職務内容について表4-38-2を参照されたい。同表中1〜12については学校教育法第37条，同13については同法第79条，また，同14については学校給食法第7条による。

表4-38-2　教職員の種類と職務内容

職位名	職務内容
1校長	校務をつかさどり，所属職員を監督する。
2副校長	校長を助け，命を受けて校務をつかさどる。校長に事故があるときはその職務を代理し，校長が欠けたときはその職務を行う。この場合において，副校長が二人以上あるときは，あらかじめ校長が定めた順序で，その職務を代理し，又は行う。
3教頭	校長（副校長を置く小学校にあつては，校長及び副校長）を助け，校務を整理し，及び必要に応じ児童の教育をつかさどる。校長（副校長を置く小学校にあつては，校長及び副校長）に事故があるときは校長の職務を代理し，校長（副校長を置く小学校にあつては，校長及び副校長）が欠けたときは校長の職務を行う。この場合において，教頭が二人以上あるときは，あらかじめ校長が定めた順序で，校長の職務を代理し，又は行う。

4主幹教諭	校長（副校長を置く小学校にあつては，校長及び副校長）及び教頭を助け，命を受けて校務の一部を整理し，並びに児童の教育をつかさどる。
5指導教諭	児童の教育をつかさどり，並びに教諭その他の職員に対して，教育指導の改善及び充実のために必要な指導及び助言を行う。
6教諭	児童の教育をつかさどる。
7養護教諭	児童の養護をつかさどる。
8栄養教諭	児童の栄養の指導及び管理をつかさどる。
9事務職員	事務をつかさどる。
10助教諭	教諭の職務を助ける。
11講師	教諭又は助教諭に準ずる職務に従事する。
12養護助教諭	養護教諭の職務を助ける
13寄宿舎指導員	寄宿舎における幼児，児童又は生徒の日常生活上の世話及び生活指導に従事する。
14学校栄養職員	義務教育諸学校又は共同調理場において学校給食の栄養に関する専門的事項をつかさどる。

（筆者作成）

3．校内での役割分担

　学校では，「調和のとれた学校運営が行われるためにふさわしい校務分掌の仕組みを整えるものとする」（学校教育法施行規則第43条）とあるように，校務分掌を編成し，それに基づいてさまざまな役職を置いている。

　「教諭・事務職員をもって充てる職」として，小学校（義務教育学校前期課程含む）と中学校（義務教育学校後期課程含む）では，学校教育法施行規則（第44～47，70～71，79条）によって，表4-38-3のように配置する役職を示すことができる。これらは「職」ではないため，校内人事における配置に委ねられ，教諭等に対する指揮監督権を持ってはいない。あくまでも，各組織における企画立案や指導助言，連絡調整が期待されている。

表4-38-3　教諭・事務職員をもって充てる職

学校種	当該担当校務を整理する主幹教諭を置くときその他特別の事情のあるとき，置かないことができる（それ以外は置く）	置くことができる
小学校（義務教育学校前期課程含む）	教務主任（校長の監督を受け，教育計画の立案その他の教務に関する事項について連絡調整及び指導，助言に当たる。中学校準用），学年主任（校長の監督を受け，当該学年の教育活動に関する事項について連絡調整及び指導，助言に当たる。中学校準用），保健主事（校長の監督を受け，小学校における保健に関する事項の管理に当たる。中学校準用）	校務を分担する主任等（左欄以外の主任等を必要に応じて），事務長（事務職員をもって充てる。校長の監督を受け，事務職員その他の職員が行う事務を総括する），事務主任（事務職員をもって充てる。校長の監督を受け，事務に関する事項について連絡調整及び指導，助言に当たる）
中学校（義務教育学校後期課程含む）	生徒指導主事（校長の監督を受け，生徒指導に関する事項をつかさどり，当該事項について連絡調整及び指導，助言に当たる），進路指導主事（校長の監督を受け，生徒の職業選択の指導その他の進路の指導に関する事項をつかさどり，当該事項について連絡調整及び指導，助言に当たる）	

（筆者作成）

4．新たなスタッフや自治体独自の配置

　1．でみた教職員の他にも，2017年4月からは，スクールカウンセラーやスクールソーシャルワーカー，部活動指導員が法制化された（学校教育法施行規則第65条の2，第65条の3，第78条の2）。これまでにもスクールカウンセラー等は学校現場にかかわり，教育活動や保護者を支援してきたが，法制化されたことで学校の教職員として正式に位置づけられることになった。

　また，自治体独自の管理職として，例えば，東京都と横浜市では「統括校長」を置いている。前者は，「特に重要かつ困難な職責を担う校長の職」として，指定された学校に勤務した校長に付与される職であり（任用は校長級職歴原則2年以上），後者では，「校長相互の協力のもと」，「学校経営に関する研究の推進」，「校長に対する学校経営上の指導及び助言」等とされる。同名職であっても自治体によって付与されている役割は異なる。また，横浜市では，「校長の日常の校務の一部を代理し，又は行うことができる」職として「准校長」を配置している。さらに，東京都では2009年度から「主任教

論」と呼ばれる「校務分掌などにおける学校運営上の重要な役割，指導・監督層である主幹教諭の補佐，同僚や若手職員への助言・支援」を職務内容とする教員を配置している。

　より質の高い教育活動の展開や機動的な校務運営のために，今後も新しいスタッフや自治体独自で配置される職が増えていくことが予想される。

5.「チーム学校」として

　2015年12月に中央教育審議会「チームとしての学校の在り方と今後の改善方策について（答申）」（以下，答申）が出され，「教員がチームとして取り組むことができるような体制を整えることが第一に求められる。それに加えて多様な職種の専門性を有するスタッフを学校に置き，それらの教職員や専門スタッフが自らの専門性を十分に発揮し，『チームとしての学校』の総合力，教育力を最大化できるような体制を構築してくことが大切である」と指摘された（答申22頁）。本稿では取り上げなかった専門スタッフが答申では例示されている。一人ひとりの教職員・専門スタッフの専門性が活かせる学校づくりが求められる。

参考文献

畑中大路（2015）「校長，教頭」「主任，主事」「新しい職」「教諭，養護教諭，栄養教諭，司書教諭・学校司書，事務職員」元兼正浩監修『新訂版教育法規エッセンス—教職を志す人のために—』花書院。

窪田眞二・小川友次（2020）『教育法規便覧（令和2年版）』学陽書房。

（川口有美子）

Q 39　教員の服務上の義務について述べなさい

1．3つの職務上の義務

　公立学校の教員は，身分としては地方公務員にあたる。地方公務員法第30条によれば，「すべて職員は，全体の奉仕者として公共の利益のために勤務し，且つ，職務の遂行に当つては，全力を挙げてこれに専念しなければならない」と「服務の根本基準」が規定されている。また，教育基本法第9条では「法律に定める学校の教員は，自己の崇高な使命を深く自覚し，絶えず研究と修養に励み，その職責の遂行に努めなければならない」とも規定されており，公務員である教員が負う職責は重く，当然のことながら，さまざまな義務を伴う。

　まず，地方公務員法を中心に，以下の3つの「職務上の義務」がある。「職務上」であるから，主として勤務時間を拘束し，遵守しなければならないものである。

（1）服務の宣誓

　地方公務員法第31条によれば，「職員は，条例の定めるところにより，服務の宣誓をしなければならない」と規定されている。宣誓の内容や手続きについては，条例の定めによる。例えば，東京都では，「新たに職員となつた者は，任命権者の定める上級の公務員の前で，別記様式による宣誓書に署名してからでなければ，その職務を行つてはならない。但し，地震，火災，水害又はこれらに類する緊急の事態に際し必要な場合においては，宣誓を行う前においても職員にその職務を行わせることができる」（「職員の服務の宣誓に関する条例」第2条）とある。条文中にある「別記様式による宣誓書」とは，教育公務員の場合，「私は，ここに，主権が国民に存することを認める日本国憲法を尊重し，且つ，擁護することを固く誓います。私は，地方自治及び教育の本旨を体するとともに公務を民主的且つ能率的に運営すべき責務を深く自覚し，全体の奉仕者として，誠実且つ公正に職務を執行することを

固く誓います」という文言で「宣誓書」が構成され，署名・捺印するものとなっている。

　地方公務員として，服務義務を遵守することを住民に対して宣言するものであり，校務員としての倫理的自覚を促す目的がある。

（2）法令等上司の職務上の命令に従う義務

　地方公務員法第32条によれば，「職員は，その職務を遂行するに当つて，法令，条例，地方公共団体の規則及び地方公共団体の機関の定める規程に従い，且つ，上司の職務上の命令に忠実に従わなければならない」と規定されている。また，地方教育行政の組織及び運営に関する法律第43条第2項によれば，「県費負担教職員は，その職務を遂行するに当つて，法令，当該市町村の条例及び規則並びに当該市町村委員会の定める教育委員会規則及び規程（前条又は次項の規定によつて都道府県が制定する条例を含む。）に従い，かつ，市町村委員会その他職務上の上司の職務上の命令に忠実に従わなければならない」と規定されている。

（3）職務に専念する義務

　地方公務員法第35条によれば，「職員は，法律又は条例に特別の定がある場合を除く外，その勤務時間及び職務上の注意力のすべてをその職責遂行のために用い，当該地方公共団体がなすべき責を有する職務にのみ従事しなければならない」と規定されている。

２．５つの身分上の義務

　上記の「職務上の義務」が勤務時間を拘束するものであったのに対して，「身分上の義務」は，勤務時間外も拘束するものである。地方公務員法を中心に以下の5つがある。

（1）信用失墜行為の禁止

　地方公務員法第33条によれば，「職員は，その職の信用を傷つけ，又は職員の職全体の不名誉となるような行為をしてはならない」と規定されている。

（2）秘密を守る義務

　地方公務員法第34条第1項によれば，「職員は，職務上知り得た秘密を漏

らしてはならない。その職を退いた後も，また，同様とする」と規定されている。退職後も遵守しなければならないことに留意する必要がある。

（3）政治的行為の制限

　地方公務員法第36条第1項によれば，「職員は，政党その他の政治的団体の結成に関与し，若しくはこれらの団体の役員となってはならず，又はこれらの団体の構成員となるように，若しくはならないように勧誘運動をしてはならない」と規定されている。また，教育公務員特例法第18条第1項に「公立学校の教育公務員の政治的行為の制限については，当分の間，地方公務員法第36条の規定にかかわらず，国家公務員の例による」とあり，国家公務員法第102条第1項に「職員は，政党又は政治的目的のために，寄附金その他の利益を求め，若しくは受領し，又は何らの方法を以てするを問わず，これらの行為に関与し，あるいは選挙権の行使を除く外，人事院規則で定める政治的行為をしてはならない」，同条第2項で「職員は，公選による公職の候補者となることができない」，同条第3項で「職員は，政党その他の政治的団体の役員，政治的顧問，その他これらと同様な役割をもつ構成員となることができない」と規定されている。

　これらは，いずれも勤務する地方公共団体の外であっても禁止されている。

（4）争議行為等の禁止

　地方公務員法第37条第1項によれば，「職員は，地方公共団体の機関が代表する使用者としての住民に対して同盟罷業，怠業その他の争議行為をし，または地方公共団体の機関の活動能率を低下させる怠業的行為をしてはならない。又，何人も，このような違法な行為を企て，又はその遂行を共謀し，そそのかし，若しくはあおってはならない」と規定されている。

　地方公務員も勤労者ではあるが，地方公共団体の住民全体の奉仕者として，一般の勤労者とは異なる特殊な立場に置かれているため，「業務の正常な運営を阻害」してはならず，争議行為は禁じられている（参考：労働関係調整法第7条「この法律において争議行為とは，同盟罷業，怠業，作業所閉鎖その他労働関係の当事者が，その主張を貫徹することを目的として行ふ行為及びこれに対抗する行為であつて，業務の正常な運営を阻害するものをい

ふ」)。

（5）営利企業への従事等の制限

地方公務員法第38条第1項によれば，「職員は，任命権者の許可を受けなければ，商業，工業又は金融業その他営利を目的とする私企業（以下この項及び次条第1項において「営利企業」という。）を営むことを目的とする会社その他の団体の役員その他人事委員会規則（人事委員会を置かない地方公共団体においては，地方公共団体の規則）で定める地位を兼ね，若しくは自ら営利企業を営み，又は報酬を得ていかなる事業若しくは事務にも従事してはならない」と規定されている。ただし，教育公務員特例法第17条第1項で，「教育公務員は，教育に関する他の職を兼ね，又は教育に関する他の事業若しくは事務に従事することが本務の遂行に支障がないと任命権者において認める場合には，給与を受け，又は受けないで，その職を兼ね，又はその事業若しくは事務に従事することができる」と規定されており，一般公務員とは異なる扱いとなっている。

「教育に関する他の職を兼ね」るとは，「学校教育や社会教育，学術文化に関する他の職員の職を兼ねること」であり，「教育に関する他の事業」に「従事する」とは，「私立学校を経営する学校法人等の私企業の役員になること」であり，「教育に関する他の事務」に従事するとは，「公立学校の教員が国立又は私立学校の教員の職を兼ねること」である。これらは，一般的な定義であり，具体的には地方公共団体の取扱規程等で規定されている。教員の場合，その専門性を通して公益に資することや，いわゆる兼職・兼業が教職の職能開発に寄与するとみなされているため，一般公務員とは異なる扱いとなっている。

参考文献

金子研太（2015）「教員の服務」元兼正浩監修『新訂版 教育法規エッセンス―教職を志す人のために―』花書院。

窪田眞二・小川友次（2020）『教育法規便覧（令和2年版）―学校の法律がこれ1冊でわかる―』学陽書房。　　　　　　　　　　（川口有美子）

Q 40　教職大学院（専門職大学院）について述べなさい

1．教職大学院の構想

　教職大学院は，高度専門職業人の養成を目的とする専門職大学院である。教員養成教育の改善や充実を図るため，高度専門職業人養成としての教員養成に特化した専門職大学院としての枠組みとして，「教職大学院」制度が創設された。専門職大学院は，教職大学院の他に，法科大学院などがある。

　教職大学院の構想が言及されたのは，2006（平成18）年の中央教育審議会答申「今後の教員養成・免許更新の在り方について」においてである。2006年答申では，近年，大きな社会変動の中で，より高度な専門的職業能力を備えた人材が求められ，人材育成を担う教員の養成に特化した教職大学院制度を創設する必要性が掲げられた。社会の変化や諸課題に対応し得るより高度な専門性と豊かな人間性・社会性を備えた新人教員の養成と，地域や学校における指導的役割を果たし得る教員として不可欠な確かな指導理論と優れた実践力・応用力を備えたスクールリーダーの養成を，教職大学院の目的と機能としている。本答申を通して，教員に対する揺るぎない信頼を確立するための養成，採用，研修などの総合的な改革の推進と，学部段階の教職課程の質的水準の向上，教員免許更新制の導入が，合わせて提案された。

　さらに，2010（平成22）年6月の文部科学大臣からの諮問を受け，2012（平成24）年8月に，中央教育審議会は「教職生活の全体を通じた教員の資質能力の総合的な向上方策について」答申を示した。2012年答申では，教職生活全体を通じた実践的指導力等の向上とともに，社会の急速な進展に合わせた知識・技能の継続的なアップデートの必要性から，探究力を持つ「学び続ける教員像」が確立された。これを支える仕組みを構築するための改革の方向性として，教員養成の高度化が提案され，従来の学部4年間での養成に修士レベルでの養成を加えた「4年＋α」の教員養成の構想が，教員免許制度の改革と共に示された。教職大学院は，「＋α」を支える教員養成の場

として，その拡充が提案された。

２．教員養成の「４年＋α」をめぐる議論の展開

　2012年中教審答申において，教員養成の高度化を目指し「４年＋α」の議論が提案されたが，2012（平成24）年12月に自民党の教育再生実行本部から教師教育制度の抜本的な改革案が示され，民主党政権下で提案された教員養成の高度化を目指した「４年＋α」の議論は軌道修正されることとなった。自民党の教育再生実行本部による教師教育制度の改革案では，「新教育職員免許法」の制定や教師インターンシップの導入が提案され，教員養成の長期化の議論については言及されなかった。

　その後，2013（平成25）年５月に，自民党の教育再生実行本部が発表した「第二次提言」では，教師の養成・採用の抜本改革が発表された。改革案の基本的な理念は，「新任の教師を十分な指導・評価体制の下で育成し，厳格に教師としての適性を判断できるシステムの導入」であり，「教師インターン制度」の導入が提案された。これは，「大学・大学院卒業後，准免許を付与し，インターンを経て，採用側と本人が適性を判断し，インターン修了後，認定の上，本免許を付与して正式採用する」というものである。つまり，民主党政権下の2012年中教審答申では，「高度専門職」志向としての教員養成改革が提案されたのに対し，自民党教育再生実行本部による報告書では，「適正重視」志向としての改革案が提案された。このような改革理念の変更のもと，教職大学院改革についても方向性の変更が見られた。上述した免許制度を基本構想とし，例外として「教職大学院」を別格に位置付け，「教職大学院」の修了者にはインターンシップの免除など優遇する措置が構想された。さらに，教育委員会との連携・協同のもとでの「管理職養成コース」の設置が提案されている。養成・採用・研修に一貫して，行政が主導する体制を志向するもとで，「教職大学院」の拡充が提案されている点は注目される。

３．教職大学院に求められていること

　2015（平成27）年12月の答申「これからの学校教育を担う教員の資質能

力の向上について」では，教職大学院の目的について，「力量のある教員の
ためのモデルを制度的に提示すること」であると示される。また，「新しい
学校づくりの有力な一員となり得る新任教員」と「管理職候補者を初めとす
る指導的役割を果たし得るスクールリーダー」の養成を機能とする。特に，
中教審が上記答申と同時に公表した「チームとしての学校の在り方と今後の
改善方策について（答申）」では，教職員に加えて，心理や福祉などの多様
な専門家で組織される「チームとしての学校」実現のためには，校長のリー
ダーシップの下，副校長・教頭や主幹教諭，事務長等とともに組織的な学校
経営を行うことができる体制の整備を進める必要があり，学校のマネジメン
ト強化が要される。このような，管理職養成の場としての教職大学院の機能
が期待され，教育委員会との共同のもとで，教職大学院での教育と研修の充
実が図られている。

　教職大学院の創設は，高度専門職業人の養成主体としての大学の機能や大
学教員の資質能力の抜本的な見直しを求めるものである。学問を基礎とする
理論中心ではなく，実践を踏まえた「理論と実践の往還」を具現化するカリ
キュラムの開発や「コンピテンシー構築というあらたな学問探究」の共有を
進める必要がある。

参考文献

中央教育審議会（2006）「今後の教員養成・免許更新の在り方について（答
　　　　申）」。

中央教育審議会（2012）「教職生活の全体を通じた教員の資質能力の総合
　　　　的な向上方策について（答申）」。

中央教育審議会（2015）「これからの学校教育を担う教員の資質能力の向
　　　　上について（答申）」。

名須川知子・渡辺隆信編（2014）『教員養成と研修の高度化―教師教育モデ
　　　　ルカリキュラムの開発にむけて―』ジアース教育新社。

牛渡淳（2014）「近年の教員養成・研修改革の構想と課題」『日本教育経営
　　　　学会紀要』第56巻，pp.2-12。

（藤村祐子）

Q41　学校における働き方改革について述べなさい

1．国における働き方改革の動向

（1）教員の過重労働問題

　日本の教員の多忙化が問題視されている。そのきっかけは，2013（平成25）年にOECDが実施した「国際教員指導環境調査」（Teaching and Learning International Survey：以下，TALIS2013）において，日本の教員が抱える長時間過密労働の実態と課外活動の過重な負担が明らかにされた事による。

　中央教育審議会（以下，中教審）では，文部科学大臣からの諮問を受け，2015（平成27）年12月に「チームとしての学校の在り方と今後の改善方策について」が答申された。2016（平成28）年には，文部科学省にタスクフォースが設置され，同年6月に「学校現場における業務の適正化に向けて（通知）」が出された。通知では，教員の担うべき業務に専念できる環境の確保や，部活動の負担の大幅な軽減，長時間労働という働き方の改善，国・教育委員会の支援体制の強化などが提案された。特に，教員の担うべき業務に専念できる環境の確保は，教員の行う業務の明確化，給食費等徴収管理業務からの解放，統合型校務支援システムの整備などの業務改善と，教育課題に対応した教職員定数やスクールカウンセラー，スクールソーシャルワーカーの配置拡充，マネジメントを担う事務職員等の定数改善などの学校指導体制の整備の両軸で進めることが提案された。また，働き方そのものに対する「教員の意識改革」の必要性も提言されている。

（2）国全体としての働き方改革

　一方，国全体の動きを見てみると，第3次安倍内閣は「『一億総活躍』社会の実現」に向けた「働き方改革」を提案した。これを踏まえ，「働き方改革実現会議」が設置され，2017（平成29）年3月28日「働き方改革実行計画」が公表された。その中で，教員の長時間労働についても言及され，各教育委員会による学校現場の業務改善の取組を加速するための実践研究事業の

実施や，運動部活動に関するガイドラインの策定・部活動指導員の活用を通じた部活動の適正化を行うなどの，具体的な施策が提案された。また，教員の働き方・業務の在り方等についての教育再生実行会議における検討を踏まえ，長時間労働を是正することが提言された。

（3）学校における働き方改革に関わる国の取り組み

　教員の過重労働問題と国の働き方改革の動きを受け，2017（平成29）年度から本格的に，学校における働き方改革が部活動改革と同時並行的に進められた。2016（平成28）年度に，文部科学省は，教員の勤務実態を把握するため「教員勤務実態調査（平成28年度）」を実施し，時間外労働が週80時間以上の「過労死ライン」を超える小学校教員が33.5%，中学校教員が57.6%存在することが広く報道された。これを受け，2017（平成29）年6月に「学校における働き方改革に関する総合的な方策について」が諮問され，中央教育審議会において審議が開始された。その後，8月に異例の緊急提言「学校における働き方改革に係る緊急提言」（8月29日）がすぐに公表され，12月には「学校における働き方改革（中間まとめ）」が報告された。

　さらに，2018（平成30）年2月には，文科省より各教育委員会へ「学校における働き方改革に関する緊急対策の策定並びに学校における業務改善及び勤務時間管理等に係る取組の徹底について（通知）」が通知され，2019（平成31）年1月には，中教審から「新しい時代の教育に向けた持続可能な学校指導・運営体制の構築のための学校における働き方改革に関する総合的な方策について」答申が発表された。また，同時期に，文科省は「公立学校の教師の勤務時間の上限に関するガイドライン」を示した。

2．学校における働き方改革の概要

（1）学校における働き方改革の実現に向けた方向性と目的

　「子どものためであればどんな長時間勤務も良しとする」という働き方の中で，教師が疲弊していくのであれば，それは「子どものため」にはならないとの考え方のもと，学校における働き方改革の目的は，教師のこれまでの働き方を見直し，教師自身の人間性や創造性を高め，「子どもたちに対して

効果的な教育活動を行うことができるようになること」である。

　学校における働き方改革は，地域と学校の連携・協働や家庭との連携強化を図ることで，改革を進めることが示されている。

（2）具体的な施策

　具体的な施策として，以下の5つの項目が提案されている。

　①勤務時間管理の徹底と勤務時間・健康管理を意識した働き方改革の促進：勤務時間管理の徹底を図り，上限ガイドラインの遵守に努めると共に，教職員一人一人の働き方に関する意識改革を行う。

　②学校及び教師が担う業務の明確化・適正化：業務の在り方に関する考え方を「基本的には学校以外が担うべき業務」「学校の業務だが，必ずしも教師が担う必要のない業務」「教師の業務だが，負担軽減が可能な業務」として整理し，業務の明確化・適正化を図る。

　③学校の組織運営体制の在り方：スクールリーダーがリーダーシップを発揮できる組織運営の構築やミドルリーダーが若手の教師を支援・指導できるような環境整備，学校事務の適正化と事務処理の効率化を図る。

　④教師の勤務の在り方を踏まえた勤務時間制度の改革：給特法の今後の在り方の検討や一年単位の変形労働時間制の導入の検討を進める。

　⑤学校での働き方改革の実現に向けた環境整備：学校指導・運営体制の効果的な強化・充実や勤務時間管理の適正化や業務改善・効率化への支援を行う。

参考文献

中央教育審議会（2015）「チームとしての学校の在り方と今後の改善方策について（答申）」。

妹尾昌俊（2017）『「先生が忙しすぎる」をあきらめない』教育開発研究所。

環境調査（TALIS）『2013年調査結果報告書』明石書店。

国立教育政策研究所編（2014）『教員環境の国際比較―OECD国際教員指導

文部科学省「学校現場における業務の適正化に向けて」〈https://www.mext.go.jp/a_menu/shotou/uneishien/detail/__icsFiles/afieldfile/2016/06/13/1372315_01_1.pdf#search=%27〉2020年2月1日閲覧。

（藤村祐子）

Q 42　部活動指導教員について述べなさい

1．導入背景

　最近，部活動は教員の仕事なのか？というフレーズと共に，学校教育における部活動の位置づけが注目されている。教員の過重労働が問題視されると，その原因のひとつとして部活指導の負担が指摘され，部活動指導のあり方について改革が進められてきた。その中で，教員の部活指導の負担軽減を目指して，「部活動指導教員」が制度化された。

　部活動指導に関わる議論は，教員の働き方改革の一環として展開されてきた。2014年6月に，第2回OECD国際教員指導環境調査(Teaching and Learning International Survey:以下，TALIS2013)の結果が公表された。TALIS 2013報告によると，日本の教員の1週間当たりの勤務時間は参加国の中で最長（日本53.9時間，参加国平均38.3時間）であり，このうち，授業時間は参加国平均と同程度である一方，課外活動（スポーツ・文化活動）の指導時間が特に長かった（日本7.7時間，参加国平均2.1時間）。これを受け，日本の教員の過重労働が問題となり，中央教育審議会（以下，中教審）から，2015年12月に「チームとしての学校の在り方と今後の改善方策について」答申が出された。本答申において，チームとしての学校を構成する専門スタッフとして「部活動指導員」を位置づけることが提案された。その後，設置されたタスクフォース（「次世代の学校指導体制にふさわしい教職員の在り方と業務改善のためのタスクフォース」）から，2016年6月に「学校現場における業務の適正化に向けて（通知）」が出され，重点的に講ずる改善方策の一つに「教員の部活動における負担を大胆に軽減する」ことが明記され，「休養日の設定」と「部活動運営の大胆な見直し」，さらに科学的な調査研究に基づく「総合的なガイドライン」の策定が打ち出された。

　これらの政策提案を受け，2017年度以降，教育行政における部活動指導改革が本格的に進められた。2017年7月に「学校における働き方改革に関する総合的な方策について」が諮問され，11月に「学校における働き方改革

検討部会」から中間まとめが発表された。中間まとめでは，登下校の安全確保や，校内の清掃，部活動の運営などの各種事項を，教員の仕事とみなすべきかどうか，特別部会の見解が示されている。部活動は「学校の業務だが，必ずしも教師が担う必要のない業務」として，業務分類上の部活動の位置づけが明確にされた。

2. 部活動指導教員の制度化

（1）部活動指導教員の制度化

　教員の部活動負担を軽減するため，外部の人材を活用した部活動指導教員の制度化が図られた。2017年に，学校教育法施行規則が一部改正（2017年4月1日施行）され，中学校，高等学校等において，校長の監督を受け，部活動の技術指導や大会への引率等を行うことを職務とする「部活動指導員」が新たに規定された。

　これまでも，「外部指導者」として，部活動での外部人材の活用の取り組みはあった。自身の経験がない競技を教えている運動部の顧問を務める教員をサポートすることがねらいとされており，外部指導者は，顧問の教諭等と連携・協力しながら部活動のコーチ等として技術的な指導を行うこととされている。ただ，活動中の事故等に対する責任の所在が不明確なため，外部指導者のみでの大会等への生徒の引率はできない。

（2）部活動指導教員の職務

　部活動指導教員は，学校の教育計画に基づいて，校長の監督の下，技術的な指導に従事することが期待される。具体的な職務内容は，部活動に係わる以下のものである。

①実技指導

②安全・障害予防に関する知識・技能の指導

③学校外での活動（大会・練習試合等）の引率

④用具・施設の点検・管理

⑤部活動の管理運営（会計管理等）

⑥保護者等への連絡

⑦年間・月間指導計画の作成

⑧生徒指導に係る対応

⑨事故が発生した場合の現場対応等

（3）部活動指導教員の任用

　部活動指導教員は，部活動の顧問として技術指導を行うとともに，担当教諭等と日常的に指導内容や生徒の様子，事故が発生した場合の対応等について情報共有することが求められる。また，校長が部活動指導教員に部活の顧問を命じることができ，部活動指導教員が単独で顧問を務めるケースと部活動指導教員及び教諭が顧問を務めるケースがある。前者のケースでは，校長は，当該部活動の担当教員を指定し，⑦年間・月間指導計画の作成，⑧生徒指導，⑨事故が発生した場合の対応等について，必要な職務に当たらせる必要がある。部活動指導教員の任用にあたっては，指導するスポーツや文化活動等に係る専門的な技術だけでなく，学校教育に対する十分な理解を有する者であることが必要とされる。

（4）部活動指導教員に対する研修

　学校設置者及び学校は，部活動指導員に対し，「運動部活動での指導のガイドライン」（2017年5月）を踏まえ，事前に研修を行うほか，その後も定期的に研修を行うことが求められる。研修では，部活動が学校教育の一環であることなどの部活動の位置付けや，生徒に対する教育的意義，学校全体や各部活動の目標や方針，生徒の発達段階に応じた科学的な指導のあり方，安全の確保や事故発生後の対応について，生徒の人格を傷つける行為や体罰の禁止，服務の遵守などの内容を理解させることが中心とされる。

参考文献

妹尾昌俊（2017）『「先生が忙しすぎる」をあきらめない』教育開発研究所。

国立教育政策研究所編（2014）『教員環境の国際比較—OECD国際教員指導環境調査（TALIS）2013年調査結果報告書』明石書店。

文部科学省（2016）「学校現場における業務の適正化に向けて（通知）」。

（藤村祐子）

第 5 章　学校の経営管理

Q 43　学校経営について述べなさい

1. 学校経営とは

　学校経営とは，校長が，スクールリーダーを中心とする教職員と共に，ビジョン，目標，計画を策定し，適切にリソースを配分し，教員の専門性を活かして，より良い実践の実現と教育成果の向上を意図する組織的活動である。

　学校経営の主体が校長であることは言うまでもない。学校教育法第37条では，「校長は，校務をつかさどり，所属職員を監督する」と定められている。ここで，校務とは，学校の職務全般であり，一般的には，教育課程の管理，学習指導，生徒指導の実施，学校の施設，設備管理，学校事務の運営，教育委員会や外部機関との連絡と調整などを意味している。校長は，同法第37条に「校務をつかさどり」とあるように，これらを担当する立場にある。しかしながら，校長1人では，これらの広範な職務を遂行することはできない。このため，副校長の助けを得ながら，教職員と協働することが学校経営の課題となる。

　校長はリーダーシップを発揮することが求められる。とはいえ，それは校長が思うままに指示を出すことを意味しない。教職員は専門職であり，それぞれ，学級や分掌を担い，責任と裁量をもって職務や児童生徒の指導にあたっている。教職員は学校現場の最前線に立ち，児童生徒や保護者の実態をよく知っている。このような教職員との協働を常に意識しながら，場面に応じて，適切なリーダーシップを発揮することが校長に期待されている。

2. スクールリーダーシップの概念

　近年，スクールリーダーという言葉が普及し，定着している。大脇はスクールリーダーについて，(1) 学校管理職（狭義），(2) 学校管理職，省令主任，事務長（広義），(3) 学校管理職，省令主任，事務長，教育長・指導主

事（最広義）の定義があると述べている（大脇2005：26）。

　このようなスクールリーダーがリーダーシップを発揮することをスクールリーダーシップという。Beatriz Pontら（2008）はスクールリーダーシップの概念について，1人の人かグループが，学校組織において意図的に影響を及ぼすことだと説明している。

　ここで二つの点が問われる。第一は，スクールリーダーシップが，校長単独によるものか，校長，副校長，主幹教諭の共同（集団）によるものか，という点である。これについては，両面あると理解しておくべきであろう。まず，校長の主体的な行動とその影響という側面は必ず生じる。一方で，校長単独で学校の組織運営を行うわけではない。学校のリーダー的な立場の教員，主幹教諭，主任との協業や役割分担は必須である。第二は，意図的な活動の意味である。学校を改善するために，教員や児童生徒，保護者に働きかける意図的な活動が，スクールリーダーシップである。そこには，未来への見通しや重点の設定，つまり戦略的な経営プランが必要となるだろう。

　Beatriz Pontらは「校長のリーダーシップ概念は，一人の個人が組織全体の主要な責任を担うという産業社会のモデルに根ざしている」（2008）という興味深い指摘を行っている。過去の産業社会のモデルから脱却するためには，学校内や校外の人々に様々な役割を分担していくことが必要であり，ここにスクールリーダーシップ概念の新しさがある。スクールリーダーシップを具現化するだけでなく，それをとりまく教育行政システムも産業社会のモデルから脱却する必要がある。

参考文献

大脇康弘（2005）「スクールリーダー教育のシステム構築に関する争点：認識枠組と制度的基盤を中心に」『日本教育経営学会紀要』第47巻，p. 24-35

Beatriz Pont, Deborah Nusche, Hunter Moorman（2008）*Improving School Leadership, Volume 1: Policy and Practice.* OECD

（佐藤博志）

Q 44　学校経営におけるマネジメント・サイクルについて述べなさい

1．マネジメント・サイクル

　学校経営におけるマネジメント・サイクルは，PDCAサイクルという言葉で表現される。このPDCAサイクルはかつてPDSと呼ばれていた。PDSとは，Plan（計画）－ Do（実施）－ See（評価）の略であり，計画の策定，計画の実施，実施結果の評価を意味している。PDCAとは，Plan（計画）－ Do（実施）－ Check（評価）－ Action（行動）の略である。PDSにおけるSee（評価）がCheckに言い換えられ，評価結果が次年度のPlan（計画）に反映するように，Actionが設けられたのである。

　日本の学校経営サイクルの現状には，2つの問題点がある。第一の問題点は，PDCAサイクルにおけるPlan，つまり，学校経営計画が不明確なことである。すなわち，学校経営計画は，抽象的な文言を示すにとどまり，具体的な戦略や重点の置き方が曖昧である。第二の問題点は，Planを策定する時に，その核となるビジョンを校長が単独で作る場合が見られることである。単独で原案や私案を作ることは必要であろうが，副校長，主幹教諭など，同僚と協議し，より良いビジョンを作成することが望ましい。第三の問題点は，PDCAおけるCheck，つまり評価の在り方である。教育実践の改善に貢献するような学校評価は，日本では多いとは言えない。これは，PDCAのActionを次年度のPlanに反映することが義務付けられていないことに起因する。

　マネジメント・サイクルのPlan, Check, Actionを展開するだけでは学校は変わらないとよく言われる。Plan, Check, Actionも不可欠であるが，Doの部分で，教員や児童生徒にいかに働きかけ，どのように望ましい教育実践とその成果をつくりだしていくかが問われるだろう。

2．学校評価

　学校評価とは，学校経営計画や教育課程の実施結果を分析し，長所，課

題，次年度の改善方策を明らかにすることである。学校評価を適切に行うためには次の観点が必要である。第一に，誰（個人，複数，組織）が，どのような世界観・教育観にもとづいて，何のために，いつ，どのような領域・観点・基準で，どのような方法（データ収集・分析方法）・手順・流儀（厳格，柔軟，創造的など）で評価するのかという観点である。第二に，評価結果は誰にどのように報告され，今後の計画と行動にどのように活用・反映されるのかという観点である。

　イギリス，オーストラリアでは，これらの観点から学校評価システムが整備されている。学校がオンラインでデータを入力すれば，教育行政機関が，学校ごと，および自治体全体の様々なデータを集計・分析できるようになっている。この点，日本は大幅に遅れていると言ってよいだろう。

　学校評価における「評価」は英語で何と訳せるのだろうか。「評価」は文字通り考えれば，「価値を評する」のであって，evaluationになる。だが，今日，諸外国では，school review概念の方がよく使われている。reviewは，「価値を評する」というよりも，「再考する」「ふりかえる」という意味が中心的になってくる。日本では，学校評価と言うと，誰かに評価される，と身構えることが多い。だが，今後，自ら「再考する」「ふりかえる」というreview的な発想をもっと取り入れていくことが期待される。そして学校評価の性質についても検討が必要である。学校の課題を見つけるのか，良い点を見つけていくのか，両方なのかが問われる。欠点だけでなく，長所も見出すような学校評価が今後求められる。

　最後に，学校評価の環境について述べておく。イギリスやオーストラリアでは，各学校の学力テスト結果が公表され，学校ランキングが形成されている。このような環境の下では，学校評価の報告書は，学力テストの結果が注目されることになる。逆に，国と地方自治体が，子どもの教育を受ける権利，個々の教育ニーズを尊重した場合，学校評価も，そのような理念を基盤に構成される。日本では，各学校の学力テスト結果が公表されていない。この点は日本の長所として認識し，子どもの教育を受ける権利や個々の教育ニーズを尊重した学校評価の在り方を探っていくことが課題になる。　　（佐藤博志）

Q 45　学校組織について述べなさい

1．学校組織の課題と特徴

　学校には学校教育目標があり，学習指導要領に基づいた教育課程が編成されている。年間の行事予定も設定され，各年度において教育活動が遂行される。このような教育活動は，組織としての学校を基盤に展開されている。

　組織とは，複数の人々が協力して，共通の目標を達成するために，何らかの活動を行うものである。学校組織は，複数の教員が協力して，「より良い実践をつくる」「児童生徒の豊かな学習経験をつくる」という共通の目標を達成するために，学習指導，生徒指導などの活動を行う組織である。

　ここで共通の目標に関しては，さらなる論究が必要である。まず，「より良い実践をつくる」「児童生徒の豊かな学習経験をつくる」という大枠について，教員は共通理解ができていると思われる。だが，学校目標をどれだけ意識しているかはまた別である。校内研究のテーマが設定されていたとしても，それがどれだけ実践場面で意識されているかは，教員によって学校へのコミットの程度，校内研究へのコミットの程度が異なるので，実態は多様であろう。

　そこで，目標を深く共有し，コミットの程度を高めることが，校長をはじめとして，スクールリーダーの主な課題になる。しかし，もともと，専門家である教員は，各学級と授業を自分の責任で充実したものにすることが求められるため，自律性が高い。中学校，高等学校では専門の教科も分かれてくるため，さらに個々の自律性が高くなり，各教科の自律性も高くなる。この自律性を考慮すると，目標を深く共有し，コミットの程度を高めることは容易ではない。その実現のためには，1年間では不十分で，少なくとも2年以上の時間がかかると言われている。ここに，学校組織運営の難しさがある。

　学校組織は，校長，副校長，教員，児童生徒，保護者，地域住民などが，「自分の何かを達成するために，他者と共に，何らかの活動を行う場」とも言えよう。校長，副校長は学校を管理運営すること，教員は学習指導と生徒指導を行うこと，児童生徒は教科の学習や社会的な活動を行うこと，保護者

と地域住民は学校に協力することが公式の活動内容である。これらに加えて，実際には，個々人が自分の目標を持っており，達成感を得ようとしている。例えば，教員であれば，より良い授業を行って達成感を得る教員がいるし，部活動の指導で達成感を得る教員もいる。児童生徒も同じで，勉強を中心に考える場合と，趣味，部活動，友人との交流を中心に考える場合もある。

　学校組織は，このように，多様な人々がそれぞれの思いで参加する場である。「より良い実践をつくる」「児童生徒の豊かな学習経験をつくる」という観点をふまえて，皆が参加しやすい学校をつくることが，校長，副校長，教員の使命である。

２．学校組織を動かす分散リーダーシップ

　学校組織は，それぞれの人が別々の思いをもって，何らかの目標を持って参加し活動する場である。このように考えると，分散リーダーシップ（distributed leadership）が学校組織を動かすために重要である。分散リーダーシップは，○○長，○○主任といった，役割に伴うリーダーシップだけでなく，だれでもリーダーシップを発揮できるという考え方である。例えば，学年主任ではなくても，児童生徒の問題行動に最初に気が付いて対応してきた教員は，その問題の解決策を考案するにあたり，リーダーシップを発揮できるだろう。部活動のチームが全国大会に出場した場合，顧問の教員がリーダーシップを発揮できる。このような分散リーダーシップは，適切な方向付けを伴えば，学校組織の活性化を促し，個々人の意欲を向上させると考えられている。

　しかし，近年のスクールリーダーシップ研究において，分散リーダーシップだけでなく，人間関係を重視したリーダーシップ，教育成果（学力と生活面の両方）を重視したリーダーシップが改めて注目されるようになってきている。この背景として，コンピテンシーと呼ばれるソフトスキルが注目されてきたことがあげられる。分散リーダーシップの考え方を維持した上で，学校組織をより良く動かすためのリーダーシップを併用することが求められている。
（佐藤博志）

Q 46　学校の管理職とミドルリーダーの役割について述べなさい

1．学校の管理職の役割

（1）学校管理職の法的役割

　学校に勤務する教職員は様々な職種の者がおり，それら教職員を監督する立場の者を管理職という。一般に学校組織においては，校長，副校長，教頭のことを指す（幼稚園の場合は，園長，副園長）。

　校長の職務は，学校教育法第37条第4項において，「校務をつかさどり，所属職員を監督する」と定められ，学校の責任者としての立場が明確に謳われる。ここにある「校務をつかさどる」とは，学校の業務の全てを掌理し，処理することを示すもので，個々の教員による教育活動についても，法理上は校長の権限や責任の及ぶところと解釈される。また，「所属職員を監督する」との点については，監視，許可，命令，指導，決定等，校務運営上必要なあらゆる行為を含むとされている。

　副校長の職務は，学校教育法第37条第5項において，「校長を助け，命を受けて校務をつかさどる」と定められる。また，教頭については，同第7項において，「校長（副校長を置く小学校にあたつては，校長及び副校長）を助け，校務を整理し，及び必要に応じ児童の教育をつかさどる」と規定される。両者に共通するものとして「校長を助け」という言葉があるように，副校長・教頭ともに校長を補佐する立場であることが分かる。

　副校長については，校長からの命を受けた範囲で「校務をつかさどる」とあり，校務に対する責任を有することが明示されている。それに対して，教頭の職務は「校務を整理」するとあるため，字義通りに解釈すれば，その職務はあくまでも調整にとどまり，教職員に対する指示・命令を伴わないとも読み取ることができる。しかしながら，教頭による校務の整理が，校長の意思決定が効果的に行われるように学校組織内を総合的に調整することである

以上，教職員に対する指導や助言，一定の範囲での指示や命令といった管理的機能も含まれると解することが合理的と言える。

（2）スクールリーダーとしての管理職

このように，学校管理職は，法律上は組織の管理者としての役割が強調されているが，実際の学校運営にあたっては，管理者としての役割のみが求められているわけではない。特に，学校に裁量と責任が付与され，自律的な学校経営が求められるようになった1990年代後半以後，スクールリーダーとしての役割を果たす期待が高まった。

自律的な学校経営が求められるようになった結果，各学校には創意工夫をこらした教育活動を展開することが可能となった。そこでは，管理職は，独自の教育理念や経営ビジョンを打ち出し，学校内外の資源を活用しながらその実現に努め，結果を評価し，改善策を講じるという，いわゆる経営者としての役割が期待されることとなる。このような状況において，管理職には，法令や規則を理解し，教職員を監督するだけではなく，スクールリーダーとしてのより広い力量が求められることとなる。岡東によれば，スクールリーダーとしての管理職に求められる力量として，企画能力，経営実践力，評価能力，調整能力の4つが整理された。

2．ミドルリーダーの役割

日本教育経営学会編『教育経営ハンドブック』では，「ミドルリーダー」という用語は，一般的に，次の3つの立場にある教員，あるいはそれぞれを複合的に備えた教員を指すとしている。すなわち，第1に，「組織のミドル」にある教員，第2に，「人生のミドル期」にある教員，そして第3に，教職経験年数の多寡や職務・職位等の有無に捉われず「組織に影響力を与える」教員である。

我が国では，従来は，学校組織について，「鍋蓋型」の組織を理想とする考え方が有力であった。そこでは，校長・教頭という少数の管理職以外の教員がフラットな立場で役割分担や意見表明を行うことが，組織の一体感醸成や若手教員の力量形成に資すると考えられてきた。ところが，学校の自主

性・自律性が重視される中で，校長のリーダーシップのもと，組織的な学校運営が求められるようになるにしたがって，機能的で効率的な組織運営を図るためには，民間企業に倣った「ピラミッド型」の組織に転換するべきであるとの考えが支配的になってきた。そのような中，2007（平成19）年の学校教育法改正によって，新たな職として主幹教諭と指導教諭を置くことができるようになった。これにより，制度上も学校組織にミドルリーダーが位置づけられ，校長－（副校長－）教頭－主幹教諭－指導教諭－教諭という組織構造が実現することとなった。

　ミドルリーダーに求められる役割の一つは，管理職が行う意思決定の補助である。法令上も主幹教諭の職務の一部として，「命を受けて校務の一部を整理」することとされた。そもそも，実際の学校運営においては，管理職が日々の決定を行うに際して，ミドルリーダーに判断材料の提供を求めることは多くみられてきたことである。なぜなら，国や教育委員会の政策に沿った学校運営が求められる中でも，管理職は教職員の考えや児童生徒の実態を総合的に勘案して，学校としての決定を導き出そうとするためである。その意味で，ミドルリーダーには，管理職と教職員（時には児童生徒）との橋渡しの役割が求められる。さらには，ミドルリーダーには，若手教員を育成する「メンター」としての役割を果たすことも期待される。近年，ベテラン教員の大量退職と若手教員の大量採用によって，教職員の年齢構成バランスが歪なものになっているケースが散見される。これまでに学校が蓄積してきた様々な知見のうち，将来に継承すべきものを若手教員に伝えることはもちろん，若手教員からの求めに応じてアドバイスを提供したり，若手教員が職務を遂行するにあたって気づきを与えたりする存在として，ミドルリーダーの存在は極めて重要となる。

参考文献

日本教育経営学会編（2018）『教育経営ハンドブック』学文社。

岡東壽隆（1994）『スクールリーダーとしての管理職』東洋館出版社。

岡東壽隆監修（2009）『教育経営学の視点から教師・組織・地域・実践を考える―子どものための教育の創造―』北大路書房。　　　（市田敏之）

Q47　学校安全と危機管理について述べなさい

1．学校安全の定義

　2019（平成31）年3月に文部科学省が公表した『「生きる力」をはぐくむ学校での安全教育』によると，学校安全とは，「児童生徒等が自ら安全に行動し，他の人や社会の安全に貢献できる資質・能力を育成するとともに，児童生徒等の安全を確保するための環境を整えること」をねらいとする活動とされている。また，学校安全の領域としては，学校・家庭など日常生活で起こる事件・事故を取り扱う「生活安全」，様々な交通場面における危険と安全，事故防止を含む「交通安全」，そして，地震・津波災害，火山災害，風水（雪）害等の自然災害や火災や原子力災害を含む「災害安全」の3つに分類される。さらには，児童生徒等を取り巻く環境の変化や学校を標的とした危機事象の懸念に応じて，学校安全の在り方を柔軟に見直していくことも必要とされている。

　学校安全に関する活動には，安全教育と安全管理を両輪とし，加えて両者の活動を円滑的に進めるための組織的活動が位置づけられる。安全教育とは，児童生徒等が自らの行動や外部環境に存在する様々な危険を制御して，自ら安全に行動したり，他の人や社会の安全のために貢献したりできることを目指す活動を指し，また，安全管理とは，児童生徒等を取り巻く環境を安全に整えることを目指す活動を指す。そして，組織的活動とは，教職員の役割の明確化や家庭との連携，地域の関係機関・団体との連携や学校間の連携などを指す。

2．教育活動としての学校安全指導

　学校における，児童や生徒に対する安全指導については，平成29年小学校学習指導要領総則の「第1　小学校教育の基本と教育課程の役割」(3)に，「（前略）安全に関する指導（中略）については，体育科，家庭科及び特別活

動の時間はもとより，各教科，道徳科，外国語活動及び総合的な学習の時間などにおいてもそれぞれの特質に応じて適切に行うよう努めること」との記述を見出すことができる。さらに，「それらの指導を通して，家庭や地域社会との連携を図りながら，（中略）生涯を通じて健康・安全で活力ある生活を送るための基礎が培われるよう配慮すること」とも求められている。（なお，同様の記述が，中学校学習指導要領，高等学校学習指導要領，特別支援学校学習指導要領にも看取される。）このように，学習指導要領では，学校における安全指導は，教育活動全体を通じて行うことを原則としている。

　そのうえで，学習指導要領には，各教科や道徳，特別活動においても，安全指導に関する個別の記述を見出すことができる。小学校学習指導要領を例とすれば，特別活動において，学級活動の内容の一つに，「(2) 日常の生活や学習への適応と自己の成長及び健康安全」として，「現在及び生涯にわたって心身の健康を保持増進することや，事件や事故，災害等から身を守り安全に行動すること」があげられている。また，学校行事においても，「(3) 健康安全・体育的行事」として，「心身の健全な発達や健康の保持増進，事件や事故，災害等から身を守る安全な行動や規律ある集団行動の体得，運動に親しむ態度の育成，責任感や連帯感の涵養，体力の向上などに資するようにすること」とある。さらに，体育においても，第5・6学年の内容「G.保健」には，けがの防止や簡単な手当，危険予測や回避の方法があげられており，安全教育の一環とみることができる。

3. 学校安全に対する教育委員会ならびに学校の役割

　学校保健安全法では，学校安全に関する設置者の義務として，設置する学校における事故等による危険防止や現に危険・危機が生じた場合に適切な対処ができるように，「当該学校の施設及び設備並びに管理運営体制の整備充実その他必要な措置を講ずるよう努める」（第26条）と定められている。そして，学校に対しては，「当該学校の施設及び設備の安全点検，児童生徒等に対する通学を含めた学校生活その他の日常生活における安全に関する指導，職員の研修その他学校における安全に関する指導について計画を策定

し，これを実施しなければならない」（第27条）と規定され，安全点検や児童生徒に対する指導，教職員の研修等の計画策定が義務づけられている。

　これら規程の具現として，教育委員会は，国や都道府県が策定する「防災の手引」や「危機管理の手引」等を参考にしながら，学校安全に関する方針を策定し，設置する学校に示す。多くの場合，その内容は，生活安全，交通安全，災害安全の3領域の予防や対応のみならず，いじめや不審者等への対応も含めた広範なものである場合が多い。そして，学校においては，教育委員会が示す方針を参考に，地理的状況や学校規模，施設設備等の学校独自の状況にあわせて，より具体的な学校安全計画や危機等発生時対処要領（いわゆる「危機管理マニュアル」）を作成し，教職員間での周知と訓練を図ることとなる。

　学校が策定する学校安全計画や危機管理マニュアルにおいては，具体的な危機発生時を想定したうえで，児童生徒・教職員の安全確保，状況把握，救急救命，被害の拡大防止の方法等，危機発生時にとるべき内容を定めるとともに，保護者や関係者への連絡や説明，教育再開への準備，再発防止策の検討，児童生徒や教職員の心のケア等，事態収拾に向けての方策も含めることが求められる。また，学校安全計画及び危機管理マニュアルで定めた内容を迅速かつ効果的に実施するにあたっては，危機管理責任者としての校長のリーダーシップとともに，教職員の組織的な取り組みと対応が重要となる。そのためには，学校安全計画や危機管理マニュアルを策定すること自体を目的とするのではなく，教職員間における学校安全についての日常的なコミュニケーション手段の一つとして学校安全計画や危機管理マニュアルを位置づけ，活用していくことが肝要となる。

参考文献

文部科学省（2019）『「生きる力」をはぐくむ学校での安全教育』東京書籍。
市田敏之他（2018）「西日本の各教育委員会による学校安全行政の現状と課題」『皇學館大学教育学部研究報告集』第10号，pp.1-40。

（市田敏之）

Q 48　学校運営協議会（コミュニティ・スクール）について述べなさい

1.　学校運営協議会制度化の背景

　我が国において，地域の声を学校運営に反映する制度は，2000（平成12）年の学校教育法施行規則改正にともなう学校評議員制度が最初であった。学校評議員制度は，学校・家庭・地域が連携協力しながら一体となって子どもの成長を担うために，地域に開かれた学校づくりを推進することを目的として導入された。加えて，学校評議員を通じて，学校としての説明責任を果たすことも目指された。しかしながら，学校評議員は，あくまでも「校長の求めに応じ，学校運営に関し意見を述べることができる」（学校教育法施行規則第49条第2項）とされ，職務上の権限が与えられた存在ではなかった。

　2003（平成15）年，中央教育審議会は，『今後の学校の管理運営の在り方について（中間報告）』を公表し，その中で，保護者や地域住民が一定の権限を持って運営に参画する新しいタイプの公立学校として「地域運営学校」を位置づけ，当該学校に学校運営協議会を設置することを提言した。同答申は，学校運営協議会の役割として，（1）学校における基本的な方針について決定する機能，（2）保護者や地域のニーズを反映する機能，そして，（3）学校の活動状況をチェックする機能の3つを挙げた。これを受け，2004（平成16）年，地方教育行政の組織及び運営に関する法律が改正され，学校運営協議会が制度化されることとなった。

　その後，学校運営協議会を設置する学校数は拡大推移したが，2015（平成27）年に中央教育審議会答申「新しい時代の教育や地方創生の実現に向けた学校と地域の連携・協働の在り方と今後の推進方策について」が公表されたことを契機にさらなる拡大局面を迎えることとなった。同答申では，学校運営協議会制度について，地域との連携による学校運営の改善に寄与してきたことや，教職員の意識改革や学力・学習意欲の向上，生徒指導上の課題の解

決等の成果が確認できると評価し，同制度の一層の推進が打ち出された。この方針のもと，2017（平成29）年，地方教育行政の組織及び運営に関する法律が改正され，学校運営協議会の設置が教育委員会の努力義務となり，さらに，2018（平成30）年に閣議決定された「第3期教育振興基本計画」では，2022年度までに全ての公立学校に学校運営協議会を設置することが目標に掲げられた。

２．学校運営協議会の法的位置づけ

学校運営協議会の組織や権限については，地方教育行政の組織及び運営に関する法律第47条の5に規定される。すなわち，教育委員会は，所管する学校ごとに，学校運営協議会を置くように努めることが義務づけられる。ただし，二つ以上の学校が相互に密接な連携のもとで運営される必要がある場合には，複数校に一つの学校運営協議会を置くことが出来るとされている（第1項）。学校運営協議会の委員には，当該指定学校の所在する地域の住民や在籍する児童生徒の保護者，対象学校の運営に資する活動を行う者，そして，その他教育委員会が必要と認める者が，教育委員会から任命される（第2項）。ただし，委員の任命にあたっては，校長は教育委員会に対して意見を申し出ることができるとされている（第3項）。

学校運営協議会には，以下の権限と役割が与えられる。まず，教育課程の編成や教育委員会規則で定める事項について校長が作成した基本的な方針を承認することである（第4項）。また，当該学校の運営に関する事項について，教育委員会や校長に対して意見を述べることもできる（第6項）。これにより，校長には，学校運営の基本的方針のような大枠のみならず，個別の教育活動についても説明責任を果たすことが求められる。次に，学校運営協議会は，当該学校の運営に必要な支援に関する協議結果を地域住民や保護者に積極的に提供することが努力義務とされており，学校と地域や保護者とが連携・協力する際の橋渡しの役割を担うこととされる（第5節）。最後に，学校運営協議会は，当該学校の職員の採用や任用に関する事項について，任命権者に意見を述べることができる（第7項）。この場合において，任命権者

は学校運営協議会の意見を尊重することができるとされている（第8項）。したがって，学校運営協議会において，学校が抱える課題の解決や特色ある学校づくりのために必要な人材を求める場合には，その要望が実現されやすい枠組みが構築されている。

3. 学校運営協議会の課題

　以上，今後さらなる拡大が予想される学校運営協議会ではあるが，課題として指摘できることを2点挙げる。

　第1に，学校の説明力の向上という点である。学校運営の基本的方針について，校長は学校運営協議会において説明を行い，承認を得ることが義務づけられている。また，日常の学校運営や教育活動などの運営に関する事項については，説明のうえで意見を受けることとなっている。これらは，学校と地域や保護者がビジョンを共有し，協力・協働して，責任ある学校運営を行ううえで必須のことである。しかしながら，この作業は，従来であれば教職員同士で暗黙に共有されてきた経験や言葉を学校外部に伝えていくことを意味する。そのためには，客観的なデータや平易で明確な言葉を用いた説明が求められるであろう。

　第2に，教職員の任用についてである。学校運営協議会は，任命権者に対して，教職員の任用についての意見を述べることができるとされており，任命権者はその意見を尊重することとされている。これについて，学校や教育委員会が，教職員の任用の裁量が過度に制限されると捉えて，議事として取り上げないということになれば，それは制度理念からの逸脱と指摘せざるを得ない。しかしながら，一方で，地域や保護者も，教職員の任用に関する意見の全てが実現されるものではないということを認識しておく必要があろう。

参考文献

中央教育審議会（2015）「新しい時代の教育や地方創生の実現に向けた学校と地域の連携・協働の在り方と今後の推進方策について（答申）」。
（市田敏之）

Q 49　地域学校協働活動について述べなさい

1．学校と家庭，地域の連携の胎動

　2002（平成14）年の学校週5日制の完全実施を契機に，学校・家庭・地域の連携の重要性が認識されるようになった。また，2006（平成18）年に改正された教育基本法には，「学校，家庭及び地域住民その他の関係者は，教育におけるそれぞれの役割と責任を自覚するとともに，相互の連携及び協力に努めるものとする」（第13条）との規定が新設され，学校と家庭と地域の連携が法令上も確認されることとなった。その後，2007（平成19）年からは，文部科学省と厚生労働省によって「放課後子どもプラン」が推進されることとなった。これは，文部科学省の「放課後子ども教室推進事業」と厚生労働省の「放課後児童生徒健全育成事業」を一体的もしくは連携して実施するものであった。具体的には，放課後や週末に地域に子ども達の安全・安心な居場所を設け，学習や生活の場所を確保したり，小学校の余裕教室を活用することによって地域住民の参画も含めた学習やスポーツ・文化活動，あるいは，交流活動などが推進された。さらに，2008（平成20）年には，社会教育法が改正され，「社会教育における学習の機会を利用して行つた学習の成果を活用して学校，社会教育施設その他地域で行う教育活動その他の教育活動」の機会を提供することが教育委員会の事務に含まれることとなり，「学校支援地域本部」による活動も推進されることとなった。

2．学校と家庭，地域の連携の展開

　このような政策の方向は2010年代以後も継続される。例えば，2013（平成25）年に閣議決定された「第2期教育振興基本計画」では，保護者や地域住民の参画により子どもたちの学びを支援する体制を構築していくことが掲げられ，学校と家庭と地域が連携して子どもの教育に取り組むという枠組みや活動が整備され続けている。

「学校支援地域本部」の活動においては，学校が連携する対象として，保護者やPTAの他，NPOや民間企業，福祉や医療，スポーツ，文化等に関する機関や団体，大学のみならず，地域の高齢者や成人，学生などを含む幅広い団体や個人が想定された。また，活動例としては，社会教育として行われる，放課後子ども教室や土曜日の教育活動，学校支援活動，子どもの学習支援活動，まちづくり活動などが，活動に応じて学校を支援することが示された。

学校と家庭や地域の連携は，その後も取り組みを拡大し続け，文部科学省によれば，2015（平成27）年において，放課後子ども教室は約14,100教室実施されている。また，学校支援地域本部の取り組みを行う公立小・中学校が9,600校，地域の人材・企業等の協力を得て行われる土曜日の教育支援活動が，公立小・中・高等学校の約10,000校で実施されている。

3．学校と家庭，地域の連携の発展

2015（平成27）年12月，中央教育審議会答申「新しい時代の教育や地方創生の実現に向けた学校と地域の連携・協働の在り方と今後の推進方策について」が公表された。同答申では，これからの学校と地域の目指すべき連携・協働の姿として，「地域とともにある学校への転換」，「子供も大人も学び合い育ち合う教育体制の構築」，「学校を核とした地域づくりの推進」が掲げられた。この中で，従来からの取り組みである「放課後子ども教室」等を含む地域と学校が連携・協働して，地域全体で子どもたちを支えていく活動を総称して，「地域学校協働活動」と呼ぶことが提起された。

中教審答申では，地域学校協働活動を展開するにあたり，「支援」から「連携・協働」と「個別」から「総合化・ネットワーク化」という2つの理念が示されている。「支援」から「連携・協働」とは，地域と学校がともにパートナーとして，目的を共有し長期的な双方向性のある展望をもって，それぞれが特性を生かしながら，共に子ども達を育て，そのことを通じて共にこれからの地域を創ることを理念としている。また，「個別」から「総合化・ネットワーク化」に関しては，従来は個別に行われることが多かった，学校支援

活動や土曜日の教育活動，放課後子ども教室等が互いにネットワークを形成しながら活動を充実させていくことを目指している。

　そのうえで，地域学校協働活動を推進するための組織として，「地域学校協働本部」の設置が構想される。中教審答申では，地域学校協働本部とは，社会教育のフィールドにおいて，地域の人々や団体により，緩やかなネットワークを形成した任意性の高い体制としてイメージされる。そこでは，①コーディネート機能，②より多くの地域住民が参加する多様な活動，③継続的な活動の3つが必須の要素と考えられるとともに，特に「地域コーディネーター」が果たす役割に期待がよせられている。地域コーディネーターが果たす役割としては，学校との連絡・調整を行う際の地域側の総合窓口としての役割や地域活動間の調整やボランティアの確保といった役割が考えられる。

　さらに，同答申では，効果的な地域学校協働活動を展開するにあたっては，地域学校協働本部とコミュニティ・スクール（学校運営協議会が設置される学校）とが相互補完的に高め合い，両輪となって相乗効果を発揮することの必要性を指摘している。これを効果的に実現するためには，それぞれの活動の企画等の段階から，双方の運営方針や取組計画等を共有したり，互いの取組の充実を目指し，重複を避けるための提案をしたりするなど，関係者間で普段から緊密なコミュニケーションや情報共有を行うことが重要となる。そこで，地域コーディネーターとの連絡・調整を行う学校側の窓口として，地域連携担当教職員を置くことも提案しており，地域学校協働活動の展開に重要な役割を期待している。

参考文献

中央教育審議会（2015）「新しい時代の教育や地方創生の実現に向けた学校と地域の連携・協働の在り方と今後の推進方策について（答申）」。

加藤崇英・臼井智美編著（2018）『教育の制度と学校マネジメント』時事通信社。　　　　　　　　　　　　　　　　　　　　（市田敏之）

第6章　教育行財政

Q 50　中央の教育行政制度について述べなさい

1．文部科学省の任務と組織

　国の教育行政を担う中心的な組織が文部科学省である。文部科学省設置法は，同省の任務を，「教育の振興及び生涯学習の推進を中核とした豊かな人間性を備えた創造的な人材の育成，学術の振興，科学技術の総合的な振興並びにスポーツ及び文化に関する施策の総合的な推進を図るとともに，宗教に関する行政事務を適切に行うこと」（第3条）と定め，95項目の所掌事務を列挙している（第4条）。ただし，教育行政は文部科学省のみが担うわけではない。保育・子育て領域に関しては厚生労働省，キャリア教育は経済産業省が担うなど，省庁を横断して教育政策を立案・実施している。

　文部科学省は，2001（平成13）年1月の中央省庁再編によって文部省と科学技術庁が統合し，新たに設置された。現在は，本省と外局のスポーツ庁及び文化庁を置いている。本省には，大臣官房，旧文部省の系譜をくむ教育三局（総合教育政策局，初等中等教育局，高等教育局）と旧科学技術庁系を引き継ぐ研究三局（科学技術・学術政策局，研究振興局，研究開発局）の6つの局，さらに国際統括官を置いている（文部科学省組織令第2条）。外局のスポーツ庁は，「スポーツの振興その他のスポーツに関する施策の総合的な推進を図ること」（文部科学省設置法第15条），文化庁は，「文化の振興その他の文化に関する施策の総合的な推進並びに国際文化交流の振興及び博物館による社会教育の振興を図るとともに，宗教に関する行政事務を適切に行うこと」（同法第18条）を任務としている。

　また，文部科学大臣の諮問機関である中央教育審議会や教科用図書検定調査審議会等の審議会を置き，重要事項について調査・審議を行っている。

2．文部科学省の予算

　2020（令和2）年度の文部科学省予算は5兆3,060億円である。内訳では，

公立義務教育諸学校教員給与の3分の1を国が負担する「義務教育費国庫負担金」が1兆5,221億円（28.7％）と最大のシェアを占めている。次いで，「国立大学法人運営費交付金」が1兆807億円（20.4％），科学技術予算が9,762億円（18.4％），高校生等への修学支援が4,487億円（8.5％），私立学校に対する助成である私学関係予算は4,094億円（7.7％）の順となっている。

　表6-50-1の「支援・助成活動」に基づく負担金・補助金が予算の大部分を占めており，文部科学省が「補助金官庁」といわれるゆえんである。

表6-50-1　文部科学省の所掌事務の整理

(1)　規制－権力活動
都道府県・市町村の義務設置以外の私立学校の設置認可・変更・閉鎖命令等，教科書検定，教育委員会の事務の管理・執行に対する是正要求や指示等のように，国が地方自治体，学校法人（私立学校）等に一定の義務を課したり，ある行為の禁止・制限をしたり，また，許認可等を行う仕事である。これは，国民・子どもの権利を守り，平等に教育を保障する国の責務として付与されてきたものであり，その遵守を確保するために国の権限とされ地方自治体，学校法人（私立学校）等に対する法的関与が容認される。
(2)　国の教育政策の企画立案や全国的基準の設定
国内外の様々な状況を考慮して必要な国としての教育政策や教育改革に取り組むとともに，国民・子どもに全国どこでも適切な内容と水準の教育を平等に保障し確保するため，教育の内容と教育条件整備等に関する全国的基準の設定とその維持向上，改善を図る。
(3)　支援・助成活動
地方自治体，学校法人（私立学校）等の教育事業を国が資料・情報の提供，研修，負担金・補助金等で支援，奨励，振興していくものである。
(4)　事業活動
国立大学（大学法人），研究所・機関等の設置，維持・運営・管理等を国が自ら直接に教育事業の主体となって行う。

（出典：小川正人（2016）「第2章国の教育行政機関と教育政策過程」小川正人・勝野正章編『改訂版教育行政と学校経営』放送大学教育振興会）

参考文献

青木栄一（2016）「教育分野の融合型政府間財政関係」小玉重夫編『岩波講座　教育 変革への展望6　学校のポリティクス』岩波書店，pp.65-100。

（牧瀬翔麻）

Q 51　教育振興基本計画について述べなさい

1．教育振興基本計画の性格

　教育振興基本計画は，教育基本法第17条の規定に基づき，政府に策定を義務づけている教育に関する総合的な計画である。教育基本法の理念の実現と，教育の振興に関する施策の総合的かつ計画的な推進を目的として，中央教育審議会の答申をもとに，政府が決定する。

　これまでに，第1期計画（2008 − 2012年度），第2期計画（2013 − 2017年度）を策定，実施しており，現在は2018（平成30）年6月に閣議決定した第3期教育振興基本計画（2018 − 2022年度）が進行している。

　地方自治体は，国の教育振興基本計画を参酌し，独自の教育振興基本計画を策定する努力義務が課されている（教育基本法第17条第2項）。

2．第3期教育振興基本計画の概要

　第3期教育振興基本計画は，以前までの「自立」，「協働」，「創造」の理念を継承し，これから到来する「人生100年時代」と「超スマート社会（Society5.0）時代」を豊かに生き，未来を開拓する多様な人材を育成するための改革の推進を掲げている。

　また，1人1人の「可能性」と「チャンス」の最大化に向けた視点と，教育政策を推進するための基盤に着目し，5つの基本的な方針を示している。①夢と志を持ち，可能性に挑戦するために必要となる力を育成する，②社会の持続的な発展を牽引するための多様な力を育成する，③生涯学び，活躍できる環境を整える，④誰もが社会の担い手となるための学びのセーフティネットを構築する，⑤教育政策推進のための基盤を整備するである。これらを踏まえて，教育施策の目標，測定指標・参考指標，施策群を設定している（表6-51-1）。

表6-51-1　第3期教育振興基本計画（概要）

基本的な方針	教育施策の目標	測定指標・参考指標（例）	施策群（例）
①夢と志を持ち，可能性に挑戦するために必要となる力を育成する	(1) 確かな学力の育成（主として初等中等教育段階） (2) 豊かな心の育成（〃） (3) 健やかな体の育成（〃） (4) 問題発見・解決能力の修得（主として高等教育段階） (5) 社会的・職業的自立に向けた能力・態度の育成（生涯の各段階） (6) 家庭・地域の教育力の向上，学校との連携・協働の推進（〃）	○知識・技能，思考力・判断力・表現力等，学びに向かう力・人間性等の資質・能力の調和がとれた個人を育成し，OECDのPISA調査等の各種国際調査を通じて世界トップレベルを維持 ○自分にはよいところがあると思う児童生徒の割合の改善 ○いじめの認知件数に占める，いじめの解消しているものの割合の改善　など	○新学習指導要領の着実な実施等 ○子供たちの自己肯定感・自己有用感の育成 ○いじめ等への対応の徹底，人権教育　など
②社会の持続的な発展を牽引するための多様な力を育成する	(7) グローバルに活躍する人材の育成 (8) 大学院教育の改革等を通じたイノベーションを牽引する人材の育成 (9) スポーツ・文化等多様な分野の人材の育成	○外国人留学生数30万人を引き続き目指していくとともに，外国人留学生の日本国内での就職率を5割とする ○修士課程修了者の博士課程への進学率の増加　など	○日本人生徒・学生の海外留学支援 ○大学院教育改革の推進　など
③生涯学び，活躍できる環境を整える	(10) 人生100年時代を見据えた生涯学習の推進 (11) 人々の暮らしの向上と社会の持続的発展のための学びの推進 (12) 職業に必要な知識やスキルを生涯を通じて身に付けるための社会人の学び直しの推進 (13) 障害者の生涯学習の推進	○これまでの学習を通じて身に付けた知識・技能や経験を地域や社会での活動に生かしている者の割合の向上 ○大学・専門学校等での社会人受講者数を100万人にする　など	○新しい地域づくりに向けた社会教育の振興方策の検討 ○社会人が働きながら学べる環境の整備　など

④誰もが社会の担い手となるための学びのセーフティネットを構築する	(14) 家庭の経済状況や地理的条件への対応 (15) 多様なニーズに対応した教育機会の提供	○生活保護世帯に属する子供，ひとり親家庭の子供，児童養護施設の子供の高等学校等進学率，大学等進学率の改善　　　　など	○教育へのアクセスの向上，教育費負担の軽減に向けた経済的支援　など
⑤教育政策推進のための基盤を整備する	(16) 新しい時代の教育に向けた持続可能な学校指導体制の整備等 (17) ICT利活用のための基盤の整備 (18) 安全・安心で質の高い教育研究環境の整備 (19) 児童生徒等の安全の確保 (20) 教育研究の基盤強化に向けた高等教育のシステム改革 (21) 日本型教育の海外展開と我が国の教育の国際化	○小中学校の教諭の1週間当たりの学内総勤務時間の短縮 ○学習者用コンピュータを3クラスに1クラス分程度整備 ○緊急的に老朽化対策が必要な公立小中学校施設の未改修面積の計画的な縮減 ○私立学校の耐震化等の推進（早期の耐震化，天井等落下防止対策の完了） ○学校管理下における障害や重度の負傷を伴う事故等の発生件数の改善　　　　など	○教職員指導体制・指導環境の整備 ○学校のICT環境整備の促進 ○安全・安心で質の高い学校施設等の整備の推進 ○学校安全の推進　　　　　など

（文部科学省　第3期教育振興基本計画（概要）〈https://www.mext.go.jp/content/1406127_001.pdf〉）

3．地方の教育振興基本計画

　地方自治体には，国の教育振興基本計画を参酌して，地域の実情に応じた計画を策定する努力義務が要請されている。

　2014（平成26）年改正の地方教育行政の組織及び運営に関する法律では，地方自治体の長が，国の教育振興基本計画を参酌し，その地域の「大綱」を策定することとしている。ただし，教育振興基本計画その他の計画を定めている場合には，地方自治体の長が総合教育会議において教育委員会と協議・調整することにより，当該計画をもって「大綱」に代えることができる。

（牧瀬翔麻）

Q 52 地方の教育行政制度について述べなさい

1. 教育の地方自治

　現行の教育法制の基本原則の1つに地方自治がある。日本国憲法が「地方自治の本旨」（憲法第92条）を規定するとおり，地域の教育等に関わる多くの事務は地方自治体が行う。明治憲法では地方自治と教育の規定が存在せず，国が教育を行うべきであると考えられており，住民・保護者の意思を反映する手段が欠けていた。戦後には，それまでの中央集権的な教育行政が批判され，官僚的な教育行政を排した教育の専門性の重視と，地域住民による民主主義的な教育行政が目指された。これを具体的に体現する仕組みとして，米国の制度をモデルとする教育委員会制度が採用された。

2. 地方教育行政の理念

　教育委員会の組織や運営に関して規定する法律が，地方教育行政の組織及び運営に関する法律（以下，地教行法）である。地教行法は戦前の反省を踏まえ，以下の4つの理念を柱としている。①地方自治の尊重，②教育の政治的中立と教育行政の安定，③指導行政の重視，④行政の調和と連係である。
　まず，地方自治の尊重は，地域住民の日常生活に関係が深い教育について，身近な存在である市町村が責任と権能を有するべきであるとする。義務教育諸学校の設置・管理が代表的である。ただし，地方自治の原則を踏まえたうえで，教育の機会均等や教育水準の確保の実現のために，適切な役割分担と協力に基づいて都道府県が実施に責任を負う場合がある。高等学校及び特別支援学校等の設置・管理のような広域的な行政事業，公立義務教育諸学校教員給与の3分の2負担や教職員人事などの広域調整は，その一例と言える。
　つぎの教育の政治的中立と教育行政の安定の理念を支える仕組みとして教育委員会制度がある。公選による知事や市町村長が独任制であるのに対して，合議制である教育委員会は個々人の独断や恣意的な介入を防ぐととも

に，教育委員に対して政党所属の制限，積極的な政治活動の禁止を課している。くわえて，教育行政には長期的な計画による一貫性，安定性が望まれるため，教育長の任期を3年，教育委員の場合は4年と定めて，委員が一度に交替することのないように毎年1人ずつの改任を規定している。このように，教育委員会制度によって教育の政治的中立と教育行政の安定を図っている。

　指導行政の重視は，強制的な指揮・命令・監督ではなく，学校や教職員の主体性を尊重する非権力的な指導・助言・援助を中心とした，教育及び教育行政の運営を意味している。このため，教育委員会事務局には専門的教育職員として，教育課程・学習指導等の専門的事項の指導助言を学校に行う指導主事，社会教育における社会教育主事をそれぞれ配置している。

　最後の行政の調和と連係は，同一の地方自治体における執行機関相互の調和，連携を求めるものである。市町村には執行機関として教育委員会が置かれるが，この独立性，自主性を過度に強調することで，実際の事務の運営に支障をきたす恐れがある。したがって，教育委員会と首長の権限を調整し，両者の職務を明確に区別している。具体的には，教育委員会が公立学校の設置・管理，教職員の任免・人事，社会教育にかかる事務を担い（地教行法第21条），首長は幼保連携型認定こども園，大学，私立学校に関すること，予算の執行を担っている（地教行法第22条）。相互の連携によって教育行政が運営されている。さらに，地方自治を尊重しつつ，国，都道府県及び市町村間の有機的連携を図ることも肝要である。

　上記の4つの理念は，教育委員会制度最初期の教育委員会法施行時から1956年の地教行法成立以降，そして2014年の地教行法改正の変遷の中で，それぞれの時代の社会政治経済的な背景のもとで比重をかえてきた。とはいえ，地方教育行政の理念としては久しく通底してきたと言える。

参考文献

木田宏著・教育行政研究会編著（2015）『逐条解説 地方教育行政の組織及び運営に関する法律（第4次新訂版）』第一法規。

（牧瀬翔麻）

Q 53　近年の教育委員会制度改革（総合教育会議を含む）について述べなさい

1．近年の教育委員会制度改革の背景

　教育委員会制度は，その趣旨を①政治的中立性の確保，②継続性・安定性の確保，③地域住民の意向の反映の3つに置いている。教育委員会制度については，かねてからそのあり方が議論されてきた。2015年4月の地方教育行政の組織及び運営に関する法律の一部を改正する法律によって新しいあり方となったが，その改革に至る背景について見ていきたい。

（1）教育委員会制度をめぐる議論

　改正前の教育委員会制度は，上述の①政治的中立性の確保，②継続性・安定性の確保，③地域住民の意向の反映の3点の趣旨から，（1）首長からの独立，（2）合議制，（3）住民による意思決定（レイマンコントロール）の3つの特徴を有していた。（1）に対して，地域住民の意向によって選ばれた首長と教育委員会との乖離が生じるとの批判があった。（2）については，改正前の教育委員会制度に，教育委員会を代表し，会議を主宰する教育委員長と，事務局の長である教育長が設置されていたこともあって，権限と責任の所在が不明確となっているとの批判があった。さらに，（2）については，教育行政における重要事項や基本方針の決定が合議によって行われるため，迅速性に欠けるなどの批判もあった。（3）については，（1）にも関連して，地域住民の意向によって選ばれた首長から独立した組織であるため，地域住民の意向が十分に反映されていないという批判があった。

　2005年中央教育審議会教育制度分科会地方教育行政部会が「地方分権時代における教育委員会の在り方について（部会まとめ）」を出し，現行制度を前提とした上で教育委員会の組織・運営，教育長，教育委員会事務局のあり方を見直す必要があると示した。それに対し，全国市長会・全国町村会や経済財政諮問会議，規制改革・民間開放推進会議などから制度そのものの見

直しや存廃に関する意見が出された。その意見は，教育委員会の必置規制の撤廃や緩和，権限と責任の明確化，住民の意向の反映のあり方，審議のあり方，迅速性を高めることにあった。

（2）滋賀県大津市のいじめ事件

2011年に滋賀県大津市の中学校で発生したいじめ事件では，事件前後の学校・教育委員会の隠蔽体質が発覚し，その問題について全国的に報道され，大きな話題となった。このいじめ事件を契機に，いじめ防止対策推進法の制定に至った。

教育委員会の隠蔽体質について，当時大阪市の市長であった橋本徹は，「日本の教育行政の膿中の膿。教育委員会制度が機能していない象徴例だ」と指摘し，教育評論家の尾木直樹は，「生徒からこれだけいじめの報告が出てくるケースは珍しいですが，先生方の感覚が麻痺している。加害者側と一緒になって笑っていることなど感性が教師のレベルに達していない」と言い，さらに，教育委員会が戦後の日本の教育の癌であると指摘した。このいじめ事件は，教育委員会制度の存廃について政策課題へと転化させるに至った。

（3）教育再生実行会議の提言と制度設計の議論

上記の（1）の議論に（2）という状況が議論を進めることになり，2013年教育再生実行会議が「教育委員会制度等の在り方について（第2次提言）」を出した。その提言内容をまとめると，首長が任免する教育長が，地方公共団体の教育行政の責任者として教育事務を行い，教育長の任命・罷免に際しては，議会の同意を得ることを求めていた。この提言を受け，文部科学大臣は「今後の地方教育行政の在り方」について諮問した。中央教育審議会は，教育長を責任者とすることを前提とし，首長を執行機関，教育長を首長の補助機関とした上で，教育委員会を首長の附属機関とするA案と，執行機関としての性質を残しつつ，教育委員会と教育長の両者の権限を見直すB案にまとめられた。最終的には，首長を執行機関とし，首長が議会の同意を得て任命する教育長が首長の補助機関となるという「制度改革案」と性格を改めた

教育委員会が執行機関となる「別案」が答申として提示された。

　答申を受け，与党協議では，「制度改革案」と「別案」の折衷案に妥協点が見出され，その結果「教育長と教育委員会を一本化した新たな責任者（新教育長）を置くこととし，首長が議会の同意を得て任命・罷免する」という案でまとまった。

２．教育委員会制度と総合教育会議

　2015年４月地方教育行政の組織及び運営に関する法律の一部を改正する法律の施行により新しい教育委員会制度が発足した。教育委員会は，引き続き，執行機関である。以下，主な変更点について見ていきたい。

（1）新「教育長」の設置

　まず，教育委員長と教育長を一本化し新しく「教育長」を設置したことで

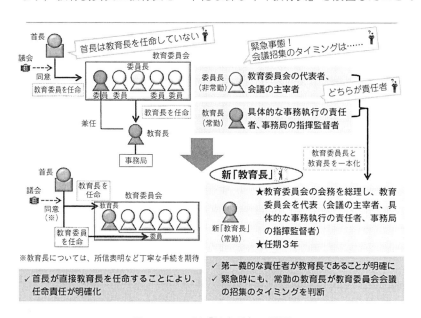

図6-53-1　新「教育長」の設置
（出典：文部科学省，地方教育行政の組織及び運営に関する法律の一部を改正する法律（概要）
〈https://www.mext.go.jp/component/b_menu/other/__icsFiles/afieldfile/2015/02/04/1349283_04.pdf〉）

ある（図6-53-1を参照）。新「教育長」は、首長が直接任命することになった。新「教育長」は、任期3年の常勤職で、教育委員会の会務を総理し、教育委員会を代表（会議の主宰者、具体的な事務執行の責任者、事務局の指揮監督権）することとなった。これにより、不明確であった責任の所在が明確になるとともに、緊急性を要する事項に対する迅速性を高めることができるようになるとされる。

（2）すべての地方公共団体に「総合教育会議」を設置

総合教育会議とは、首長と教育委員会が教育政策について協議・調整する会議をいう。協議・調整する事項は、①教育、学術および文化の振興に関する総合的な施策の大綱の策定、②教育を行うための諸条件の整備その他の地域の実情に応じた教育、学術および文化の振興を図るため重点的に講ずべき施策、③児童、生徒等の生命または身体に現に被害が生じ、またはまさに被害が生ずるおそれがあると見込まれる場合等の緊急の場合に講ずべき措置の3点とされる。首長が招集し、会議は原則として公開される。政治的中立性の確保の観点からすれば、首長主宰の総合教育会議は中立性を担保できないように思われるが、最終的な執行権限は教育委員会に留保されている。総合教育会議の設置により、首長の教育行政に果たす責任や役割が明確になるとともに、地域住民の意向によって選ばれた首長と教育委員会との乖離が生じるという問題点が解消され、両者が教育政策の方向性を共通し、一致して執行にあたることができるとされる。

（3）その他の変更点

総合教育会議の協議・調整事項①に示したように、教育に対する「大綱」を首長が策定することとなった。大綱とは、教育の目標や施策の根本的な方針を指し、教育基本法第17条の規定する教育振興基本計画を参酌して定められる。地方公共団体としての教育政策に関する方向性が明確となった。

新「教育長」に対し、委任された事務の管理・執行状況の報告義務や教育委員に対する迅速な情報提供や会議の招集を行うことが定められた。教育委員の定数の1/3以上からの会議の招集の請求もできる。それにより教育長に対するチェック機能が強化されるとともに、教育委員会の審議の活性化が目

指される。また，会議の議事録の作成・公表が原則となった。

３．今後の課題

　新「教育長」や総合教育会議の設置によって新しくなった教育委員会制度
については，現行制度がどのように機能していくのかを検証する研究を待た
ねばならない。ただ，今回の改革に向けた議論の中で，問題点として指摘さ
れていた点のうち，必置規制については，検討されずに進められた。この点
には留意しておきたい。

　地方公共団体の人口規模によって，教育委員会の会議の活性化に影響があ
ることや，改革を推し進める要因にも差が出てくることが指摘されている。
今回の改革では，責任の所在の明確化や政治的中立性の確保の仕方を議論の
中心に据えていたが，そもそも教育委員会を全ての地方公共団体に必置する
ことが望ましいことであるのかを議論しなければならない。どのような価値
を優先するのか，どのような価値を実現する組織，機構なのかが問われるだ
ろう。

参考文献

中央教育審議会（2013）「今後の地方教育行政の在り方について（答申）」。

中央教育審議会教育制度分科会地方教育行政部会（2005）「地方分権時代
　　　　における教育委員会の在り方について（部会まとめ）」。

林　紀行（2017）「教育委員会制度改革とその課題」『法政治研究』第3
　　　　号,pp.1-17。

堀和郎・柳林信彦（2009）『教育委員会制度再生の条件――運用実態の実証分
　　　　析に基づいて』筑波大学出版会。

教育再生実行会議（2013）「教育委員会制度等の在り方について（第二次
　　　　提言）」。

文部科学省（2015）「地方教育行政の組織及び運営に関する法律の一部を
　　　　改正する法律（概要）」。

（大西圭介）

Q 54 （公立）学校選択制について述べなさい

1. 学校選択制とは

　学校教育法施行令第5条によって，我が国では市町村教育委員会が市町村内に小学校（中学校）が2校以上ある場合，就学予定者が就学すべき小学校（中学校）を指定することとされている。この際，多くの市町村教育委員会は，あらかじめ通学区域を設定し，それに基づいて指定を行っている。

　この就学先指定の原則のもと，2003年の学校教育法施行規則第32条の一部改正により「学校選択制」が明記された。これは，市町村教育委員会の判断により，就学校指定に先立ちあらかじめ「保護者の意見」を聴取することができ，その意見聴取に必要な事項を定め，公表するという規定である（学校教育法施行規則第32条第1項）。このように，就学指定の制度の柔軟運用に道を開き，この規定にある「保護者の意見」を参照して市町村教育委員会が就学校を指定する場合のことを学校選択制と呼ぶ。関連して，指定された就学校について，保護者の意向や子どもの状況に合致しない場合等において，市町村教育委員会が相当と認めるときには，保護者の申立によって，市町村内の他の学校に変更することができる（学校教育法施行令第8条）。この「相当と認める場合」とは，地理的理由（通学距離，通学路の安全等），身体的理由，いじめ等が該当し，「児童生徒等の具体的な事情」に即して同規定を弾力的に運用するものとされている。さらに，住所を有する市町村以外の市町村の学校に就学させることも，両市町村間の協議を経て，受け入れ校を設置する市町村教育委員会が承認した場合は可能である（学校教育法施行令第9条）。

　学校選択制の選択方式には大きく分けて以下の5つが挙げられる。

　（1）自由選択制　　……当該市町村内のすべての学校のうち，希望する学校に就学を認めるもの。

　（2）ブロック選択制……当該市町村内をブロックに分け，そのブロック内

の希望する学校に就学を認めるもの。

(3) 隣接区域選択制……従来の通学区域は残したままで，隣接する区域内の希望する学校に就学を認めるもの。

(4) 特認校制　　……従来の通学区域は残したままで，特定の学校について，通学区域に関係なく，当該市町村内のどこからでも就学を認めるもの

(5) 特定地域選択制……従来の通学区域は残したままで，特定の地域に居住する者について，学校選択を認めるもの

(6) その他

なお，選択に必要な学校情報を十分に提供するとともに，選択の方法として「選抜」は禁じられ，仮に入学予定者が定員を上回った場合，元々の通学区以外の希望者で抽選するなどとしている。

2．学校選択制導入までの流れ

学校選択制が問題となったのは，臨時教育審議会において「教育の自由化論」として，親の学校選択の自由が議論されたことに端を発する。当時は学校選択制を支持する意見も少なく，臨時教育審議会答申（1987）は，学校選択の自由は採らず，通学区域の弾力化を提言するに留まった。その後，政府の行政改革委員会で学校選択制が取り上げられ，制度導入の呼び水となる「規制緩和の推進に関する意見（第2次）」（1996年）が出された。同提言では「政府は（中略）市町村教育委員会に対して，学校選択の弾力化の趣旨を徹底し，保護者の意向に対する十分な配慮，選択機会の拡大の重要性の周知を図ることにより，市町村教育委員会が本来の機能を発揮し，学校選択の弾力化に向けて多様な工夫を行うよう，指導すべきである」とされた。これを受け当時の文部省が1997年に「通学区域制度の弾力的運用について（通知）」（文初小第87号）を発出した。また1998年の中央教育審議会答申「今後の地方教育行政の在り方について」では教育委員会に対して，「小・中学校の通学区域の設定や就学する学校の指定等に当たっては，学校選択の機会を拡大していく観点から，保護者や地域住民の意向に十分配慮し，教育の機会均等に

留意しつつ地域の実情に即した弾力的運用に努めること」を求めた。この提言の同年に三重県紀宝町で，また2000年に東京都品川区が学校選択制を導入し，東京都内で急速な拡大を見せ地方にも広がっていった。2001年には総合規制改革会議が，「学校選択制度の導入推進」を掲げ「保護者や児童生徒の希望に基づく就学校の指定の促進」を求めている。これらの一連の流れの結実点と言えるのが，先に示した学校教育法施行規則32条である。

　「市町村の教育委員会は，学校教育法施行令第5条第2項（同令第6条において準用する場合を含む。次項において同じ。）の規定により就学予定者の就学すべき小学校，中学校又は義務教育学校（次項において「就学校」という。）を指定する場合には，あらかじめ，その保護者の意見を聴取することができる。この場合においては，意見の聴取の手続に関し必要な事項を定め，公表するものとする。

　2　市町村の教育委員会は，学校教育法施行令第5条第2項の規定による就学校の指定に係る通知において，その指定の変更についての同令第八条に規定する保護者の申立ができる旨を示すものとする。」

　一方で，就学校の変更については前述の通り，保護者から申し立てがあり市町村教育委員会が相当と認めるときその実施が認められている。文部科学省は従来より地域の実態に即し保護者の意向に十分配慮することとしていたが，2006年にその適切な活用を一層促進するため，該当するすべての保護者に対し申し立てによる就学校の指定の変更制度について明らかにするよう，学校教育法施行規則（32条第2項）の改正に臨んだ。

3．学校選択制のメリットとデメリット

　学校選択制の導入に伴うメリットとしては，「保護者の学校に対する関心がより深められる」「保護者の行う選択・評価を通じて特色ある学校づくりを推進することができる」「子どもが自分の個性に合った学校で学ぶことができるようになる」「学校の方針等を積極的に発信するようになった」「小規模の学校又は過大規模の学校において，学校の適正規模を維持できるようになる」「人間関係，特別支援教育等，児童の状況に配慮した教育環境を提供で

きるようになる」などがある。一方，デメリットとしては「学校間の序列化や学校間格差が生じる恐れがある」「入学者が大幅に減少し，適正な学校規模を維持できない学校が生じる恐れがある」「学校と地域の連携関係が希薄になるおそれがある」「通学距離が長くなり，安全の確保が難しくなる」などが挙げられる。学校選択制を導入する場合には，一般的に地域間格差や学校間格差が生じるといわれる。地域によっては，導入時に想定された以上に大きな問題が生じたという地域もある。また，学校選択制の導入初期に導入している東京都品川区では，学校選択制によって選んだ学校の説明会にて，学校側から「選んで我が校にきたのだから文句は言わせない」という趣旨の発言があったとされる。このようなデメリットを背景として，学校選択制を導入したにもかかわらず，制度の縮小や廃止を実施した自治体が散見される。2008年には前橋市で小中学校の学校選択制の廃止が決まった。それは，学校と地域のかかわりを大切にし，どの学校においても児童生徒に一層望ましい教育環境を提供するという考え方の下にである。このように学校選択制の広がりを疑問視する見方が市町村レベルで生まれており，「地域とととともにある学校」という政策課題の下で学校選択制をどう活用するかが従前から課題としてある。

参考文献・URL

河野和清編著（2017）『現代教育の制度と行政』福村出版。

長尾倫章（2010）「今日の学校配置方針の現状と課題―地域社会と学校をつなぐ視点から―」『学校教育研究』25巻，日本学校教育学会。

早田幸政（2016）『教育制度論　教育行政・教育政策の動向をつかむ』ミネルヴァ書房。

吉田武男監修，藤井穂高編著（2018）『教育の法と制度』ミネルヴァ書房。

文部科学省（2012）「小・中学校における学校選択制の実施状況について」〈https://www.mext.go.jp/component/a_menu/education/detail/__icsFiles/afieldfile/2013/09/18/1288472_01.pdf〉。

（寝占真翔）

Q 55　教育財政について述べなさい

1. 教育財政とは

（1）教育財政とは何か

　我が国では，就学年齢に達すると同時に学校教育がはじまる。学校に通うことや学校で学ぶことは，当然のごとき光景であろう。学校教育が成立するためには校舎や教員，教科書等が必要であり，教育活動を実施するには諸条件を整えることのみならず，それらを支える費用支出が不可欠となる。このように，学校教育にかかわる費用支出を行い，実際の教育活動を支える重要な役割を果たしているのが教育財政である。

　教育財政はどのような役割を果たしているのか。実際の教育活動の事例からみてみたい。教育活動に参加するにあたって，義務教育段階では授業料は徴収されておらず，教科書購入も必要とされていない。授業料は「すべて国民は，法律の定めるところにより，その保護する子女に普通教育を受けさせる義務を負ふ。義務教育は，これを無償とする」（日本国憲法第26条第2項）によって義務教育は原則無償であり，「国または地方公共団体の設置する学校における義務教育については，授業料を徴収しない。」（教育基本法第5条第4項）により，国公立学校の義務教育は基本的に無償となっている。教科書は，義務教育諸学校の教科用図書は無償とすることが定められており（義務教育諸学校の教科用図書の無償に関する法律第1条），無償とする教科書は国が毎年度義務教育諸学校で使用する教科書を購入し，設置者に無償給付するとされている（義務教育諸学校の教科用図書の無償措置に関する法律第3条）。以上のように，無償で教育を受けることができること，教育活動に必要な整備がなされていること，さらには教育における機会均等を財政面から支えているといえよう。

（2）教育財政の負担原則

　我が国の教育財政は，教育活動を財政面から保障する役割を担っている。教育のための財源は，我が国の場合，国家予算の枠組みの中から支出され

る。例えば，諸外国では，教育財政のための財源は，国の税制度の一環として「教育税」によって賄われている。しかしながら，我が国では諸外国のようなシステムを有していないため，一般財源から予算化された後，配分・支出する機能が中心となっている。具体的には，「教育を受ける権利」（日本国憲法第26条第1項，教育基本法第4条），「教育を受けさせる義務」（日本国憲法第26条第2項，教育基本法第5条，学校教育法第16条），「教育の機会均等」（日本国憲法第14条第1項，同法第26条第1項，教育基本法第4条），「教育の水準確保」（教育基本法第5条第3項，同法第16条第2項），といった教育行政理念の実現を財政面から保障する機能であると言える。

　我が国では，地方自治の原則（日本国憲法第8章）によって，地方公共団体の事務処理に際して必要な経費については「地方公共団体がその全額を負担する」（地方財政法第9条）こととなっている。そのため，「学校の設置者は，その設置する学校を管理し，法令に特別の定のある場合を除いては，その学校の経費を負担する」（学校教育法第5条）設置者負担主義が規定されている。

２．教育財政の構造

（1）国の教育財政
　我が国における教育財政の役割を踏まえた上で，教育財政の構造について具体的にみていく。図6-55-1は，2018（平成29）年度の一般歳出額と文部科学省予算の構成を示したものである。

　2018（平成29）年度における一般歳出額では，「文部科学省」として計上されている費目が国からの教育費として支出されており，一般歳出額の5.4％にあたる5兆3,097億円が支出されている。一般歳出額の全体では5.4％とわずかな費用支出であるが，「防衛省」や「国土交通省」と同程度の支出がなされている。

　文部科学省予算の内訳の一部は，次の通りである。義務教育費国庫負担金1兆5,248億円（28.7％），高等学校等就学支援金3,668億円（6.9％），国立大学法人運営費交付金等1兆970億円（20.7％），私学関係予算4,291億円（8.1％），科学技術振興費8,674億円（16.3％），奨学金事業1,033億円（1.9％）

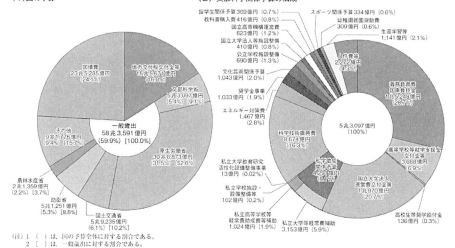

（1）国の予算

国債費
23兆5,285億円
（24.1%）

地方交付税交付金等
15兆5,671億円
（16.0%）

文部科学省
5兆3,097億円
（5.4%）［9.1%］

一般歳出
58兆3,591億円
（59.9%）［100.0%］

その他
9兆1,776億円
（9.4%）［15.7%］

厚生労働省
30兆6,873億円
（31.5%）［52.6%］

農林水産省
2兆1,359億円
（2.2%）［3.7%］

防衛省
5兆1,251億円
（5.3%）［8.8%］

国土交通省
5兆9,235億円
（6.1%）［10.2%］

（2）文部科学関係予算の構成

留学生関係予算369億円（0.7%）
教科書購入費416億円（0.8%）
国立高専機構運営費623億円（1.2%）
国立大学法人等施設整備410億円（0.8%）
公立学校施設整備690億円（1.3%）
文化芸術関係予算1,043億円（2.0%）
奨学金事業1,033億円（1.9%）
エネルギー対策費1,467億円（2.8%）
科学技術振興費8,674億円（16.3%）
私立大学教育研究活性化設備整備事業13億円（0.02%）
私立学校施設・設備整備費102億円（0.2%）
私立高等学校経常費助成費等補助1,024億円（1.9%）
私立大学等経常費補助3,153億円（5.9%）
地方国立施設関係予算4,291億円（8.1%）
国立大学法人運営費交付金等1兆970億円（20.7%）
高校生等奨学給付金136億円（0.3%）
高等学校等就学支援金交付金等3,668億円（6.9%）
義務教育費国庫負担金1兆5,248億円（28.7%）
人件費等272億円（4.3%）
スポーツ関係予算334億円（0.6%）
幼稚園就園助成費309億円（0.6%）
生涯学習等1,141億円（2.1%）

5兆3,097億円
（100%）

（注）1 （ ）は，国の予算全体に対する割合である。
2 ［ ］は，一般歳出に対する割合である。

図6-55-1　平成29年度一般歳出額の構成／文部科学省予算の構成
（出典：文部科学省（2018）『平成29年度　文部科学白書』452頁を参照。）

となっている。

　文部科学省予算において約3割の支出が行われており，最大規模を占めるのが義務教育費国庫負担金である。義務教育費国庫負担金は，「義務教育について，義務教育無償の原則に則り，国民のすべてに対しその妥当な規模と内容とを保障するため，国が必要な経費を負担することにより，教育の機会均等とその水準の維持向上とを図ること」（義務教育費国庫負担法第1条）を目的としている。すなわち，憲法の規定上にある義務教育の無償性ならびに，教育の機会均等を保障することを目的として制度化されたものであり，設置者負担主義の例外措置にあたる。義務教育費国庫負担金は公立の義務教育諸学校に勤務する教職員の給与，つまり人件費を指している。具体的には，公立の義務教育諸学校の教職員の給与の3分の1を国が負担し，残りの3分の2を地方公共団体が負担している（義務教育費国庫負担法第2条）。義務教育の水準確保に向けては，教職員の安定的な確保および適正な配置を行うことが不可欠である。

（2）地方の教育財政

表6-55-1は，地方財政における目的別歳出額の一覧を示したものである。

表6-55-1　目的別歳出決算額／構成比

区分	決算額	構成比	区分	決算額	構成比
	億円	%		億円	%
総務費	91,219	9.3	土木費	119,195	12.2
民生費	259,834	26.5	消防費	20,06	22.0
衛生費	62,626	6.4	警察費	32,604	3.3
労働費	2,628	0.3	教育費	168,886	17.2
農林水産業費	32,992	3.4	公債費	126,753	12.9
商工費	49,010	5.0	その他	14,175	1.5

（出典：総務省（2019）「平成31年度　地方財政白書」を基に筆者作成。）〈https://www.soumu.go.jp/menu_seisaku/hakusyo/chihou/31data/2019data/excel/h-009.xls〉（2020 年 2 月 14 日閲覧）

　国の教育財政と同様，一般財政からの配分・支出となっている。平成31（2019）年度の一般会計では，全体の約2割弱を教育費が占めており，民生費に次ぐ規模となっていることがわかる。地方財政における教育費支出の規模であると同時に，教育財政の役割の重要性についても確認することができよう。

（3）教育財政の課題

　我が国の教育財政は，国・地方による相互の役割分担の下で教育費支出を行い，教育行政を財政面から保障する仕組みをとってきた。しかしながら，近年，国全体の行財政改革の一環によって国から地方へのさまざまな税源移譲が行われ，従来までの国・地方による役割とは異なる様相となっている。このことは教育財政にも大きな影響を及ぼしており，近年は国からの教育費支出も減額傾向にあり，地方による教育費支出の割合が大きくなりつつある。限られた財源による配分ならびに支出をどのように行っていくのか，適切なあり方が求められるところである。

参考文献・URL

上寺康司（2014）「第11章　教育財政」河野和清編著『新しい教育行政学』ミネルヴァ書房，126-139頁。

文部科学省（2018）『平成29年度　文部科学白書』。　　　　（小早川倫美）

Q 56　設置者負担主義と義務教育費国庫負担制度について述べなさい

1. 設置者負担主義

　教育行政は,「国と地方公共団体との適切な役割分担及び相互の協力の下,公正かつ適正に行われなければならない」(教育基本法第10条)とされており, 教育に必要な条件整備・確立が求められている。我が国では, 憲法で規定されている地方自治の原則 (日本国憲法第8章) によって, 公立学校の設置・運営に関する事務は地方公共団体が担い, この事務をするための必要な経費は「地方公共団体がその全額を負担する」(地方財政法第9条) ことになっている。このことは, 都道府県または市町村であっても「学校の設置者は, その設置する学校を管理し, 法令に特別の定のある場合を除いては, その学校の経費を負担する」(学校教育法第5条) とされ, 学校の設置者がその費用を負担することが規定されている。このようにして, 都道府県立学校は都道府県, 市町村立学校は市町村, 私立学校は学校法人がそれぞれの学校に必要な経費を負担する設置者負担主義が規定されていることがわかる。

　原則的には設置者負担主義ではあるが, 費用支出を行う地方公共団体に対して, 国が奨励および助成を目的として支出される国庫負担, 国庫補助が例外措置として行われている。設置者負担主義の観点からは必要な経費負担は地方公共団体が主体となるが, 教育の質保証にかかわる諸施策の実施に際しては, 教育水準を確保するために国が基本的な経費の支出を行うことがある。

2. 義務教育費国庫負担制度

　義務教育費国庫負担制度は, 文部科学省所管予算において最大規模を占める義務教育費国庫負担金の基にあたる制度である。以下から, 義務教育費国庫負担金について確認する。

　地方財政法第10条では，「地方公共団体が法令に基づいて実施しなければならない事務であつて，国と地方公共団体相互の利害に関係がある事務のうち，その円滑な運営を期するためには，なお，国が進んで経費を負担する必要がある次に掲げるものについては，国が，その経費の全部又は一部を負担する」と規定されている。教育に関しては，義務教育職員の給与および義務教育諸学校の建物等が対象（地方財政法第10条第1項，第3項）とされており，同法の規定に基づいて制定されたのが義務教育費国庫負担法である。

　義務教育費国庫負担金は，「義務教育について，義務教育無償の原則に則り，国民のすべてに対しその妥当な規模と内容とを保障するため，国が必要な経費を負担することにより，教育の機会均等とその水準の維持向上とを図ること」（義務教育費国庫負担法第1条）を目的として，憲法上規定されている義務教育の無償性ならびに教育の機会均等を保障するための制度である。義務教育費国庫負担金は，公立の義務教育諸学校に勤務する教職員の給与，すなわち人件費が主要項目となっている。具体的には，公立の義務教育諸学校の教職員の給与の3分の1を国が負担し，3分の2を地方公共団体が負担することとなっている（義務教育費国庫負担法第2条）。

　市町村立学校職員給与負担法第1条によって，公立の義務教育諸学校の教職員給与は市町村立義務教育諸学校の教職員であっても，給料が支給される主体は都道府県となっている。同法によって給与を支給されている教職員は，県費負担教職員と呼ばれる。これは，設置者負担主義の観点からみると，本来ならば設置主体である市町村が負担すべき事項である。しかしながら，地方自治体間には財政力による差が実態としてみられ，地方自治体が当該自治体に所属する教職員の給与を全額負担することは現実的には難しい。このような現状を踏まえて，当該地方自治体の教育活動に必要な教職員の安定的な確保ならびに適正な配置を行うこと，つまり教育水準と教職員給与の維持向上を図るという面においても重要な役割を果たしていると言える。

　近年の動向として，2003（平成15）年の三位一体改革以降，2004（平成16）年度より，義務教育費国庫負担金の国負担が2分の1から3分の1に引き下げられ，3分の2を都道府県が負担することとなった。さらに，同年，「総

額裁量制」が導入され，義務教育費国庫負担金総額における教職員の給与や教職員配置にかかわる地方の裁量を拡大する制度である。各都道府県への国庫負担金は，以下の算定式によって決定される。

都道府県の負担金総額＝
　都道府県ごとに定める教職員の給与単価　×
　　義務教育標準法に基づく教職員定数　×　1/3

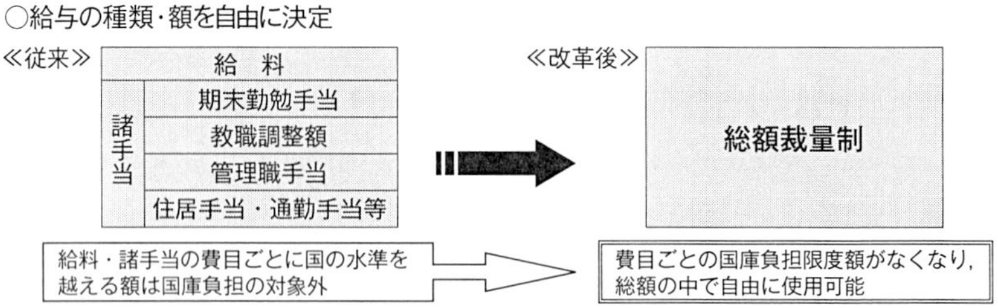

○給与の種類・額を自由に決定

図6-56-1　総額裁量制

（出典: 文部科学省ホームページ「総額裁量制の導入について」を参照。
〈https://www.mext.go.jp/a_menu/shotou/kyuyo/__icsFiles/afieldfile/2017/09/14/1394395_04.pdf〉2020年2月14日閲覧。）

　図6-56-1のように，各都道府県が総額の中で給与と教職員数を自由に決定することができるようになり，地方裁量によって給与単価の算定と教職員数を設定することが可能となった。地方裁量では，義務教育標準法の枠内で教職員定数を減じた単価の設定も可能となり，地方裁量を活かした取り組みがみられるようになる一方，教育水準の確保と教職員の適正配置の枠組みについては課題が残るといえよう。

参考文献・URL

小早川倫美（2014）「教育財政の制度」岡本徹・佐々木司編著『教育制度・経営』ミネルヴァ書房，126-144頁。

（小早川倫美）

Q 57　高等学校等就学支援金制度（高校授業料無償化）について述べなさい

1．高等学校段階への就学支援施策

　高等学校段階への就学支援策は，現行制度の前身である公立高校授業料無償制・高等学校等就学支援金制度にまで遡ることとなる。

　公立高校授業料無償制・高等学校等就学支援金制度は，「公立高等学校に係る授業料の不徴収及び高等学校等就学支援金の支給に関する法律」の成立（平成22年3月31日）によって，公立高等学校の授業料を無償化することを目的として翌4月1日より民主党政権下で施行された制度である。「高校無償化」（当時）は，専攻科・別科を除く公立高等学校（全日制，定時制，通信制），公立中等教育学校の後期課程，公立特別支援学校の高等部を対象として所得の上限にかかわらず授業料が無料となることから，多くの青少年の教育機会をひらく制度として注目された。

　「高校無償化」は，2010（平成22）年の導入から4年後，2014（平成26）年より「高等学校等就学支援金の支給に関する法律」と変更され，所得制限を設けた形での新システムを導入・実施している。2010（平成22）年の導入時から新システムの導入の間には，民主党から自民党への政権交代があり，それぞれの政権の方針を反映した政策が実施されているものの，「高校無償化」に関しては同制度を導入した民主党の政策を引き継いで実施されている。

2．高等学校等就学支援金制度

　高等学校等就学支援金制度は，2014（平成26）年度より「高等学校等就学支援金の支給に関する法律」の成立に伴って導入された制度である。2010（平成22）年より実施された公立高校授業料無償制・高等学校等就学支援金制度（旧制度）が引き継がれたものであり，「高等学校等における教育に係る経済的負担の軽減を図り，もって教育の機会均等に寄与する」（高等学校

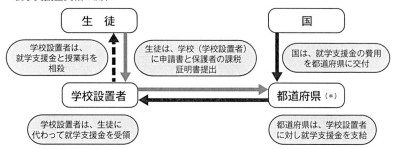

就学支援金支給の流れ

＊都道府県立高校の場合は，学校設置者＝都道府県となります。
　また，国立高校の場合は，国から学校設置者へ直接支給されます。

図6-57-1　就学支援金の仕組み

（出典: 文部科学省ホームページ「高等学校等就学支援金について」を参照。
〈https://www.mext.go.jp/a_menu/shotou/mushouka/detail/__icsFiles/afieldfile/
2014/01/24/1342886_012_1.pdf〉2020年2月14日閲覧。）

等就学支援金の支給に関する法律第1条）という目的に変化はみられないが，
旧制度とは制度枠組みが異なっている。
　就学支援金の対象は，国立・公立・私立を問わず，専攻科・別科を除く高等
学校（全日制，定時制，通信制）ならびに中等教育学校の後期課程，特別支
援学校の高等部，高等専門学校（第1学年から第3学年まで），専修学校の高
等課程，専修学校の一般課程（高等学校入学資格者を入所資格とする国家資
格者の養成施設），各種学校（高等学校入学資格者を入所資格とする国家資
格者の養成施設及び告示で指定した外国人学校）とされており，旧制度に比
べると支援対象の範囲が拡大されているが，年収910万円未満世帯の高校生
等が対象となっている。就学支援金は全日制高等学校の場合，月額9,900円
支給されるが，各家庭への直接給付ではなく，高等学校が家庭に代わって就
学支援金を代理受給する仕組みとなっている（図6-57-1参照）。月額9,900は
全日制公立高等学校の授業料相当とされているため，全日制公立高等学校在
籍者は実質的に授業料が無償となる。しかし，私立高等学校の場合，公立高
等学校と授業料が異なるため，各世帯の年収に応じて加算される仕組みと
なっている。

　2014（平成26）年より導入された高等学校等就学支援金は，2020（令和2）年より新たなシステムとして変更されることとなった。具体的には，年収590万円未満世帯の私立高等学校在籍者への支給額が引き上げられ，私立高等学校の無償化がなされることにある。支給上限額の引き上げによって，これまでも指摘されてきた公立高等学校と私立高等学校の授業料の違いによる各家庭の負担額の差が縮小される可能性はあろう。しかしながら，就学支援金は年収910万円未満の世帯を対象とすること，高等学校等に3年以上在学している場合は対象にならない等，対象者の範囲や金額が十分と言える就学支援となっているか否かは今後も検討の余地があるといえる。

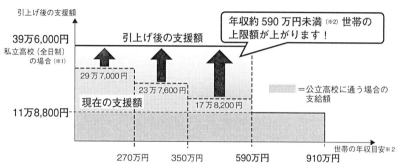

※1　私立高校（通信制）は29万7,000円，国公立の高等専門学校（1～3年）は23万4600円が支給上限額。
※2　両親・高校生・中学生の4人家族で，両親の一方が働いている場合の目安。

図6-57-2　就学支援金の支援額

（出典: 文部科学省ホームページ「2020年4月からの『私立高等学校授業料の実質無償化』リーフレット」を参照。
〈https://www.mext.go.jp/content/20200117-mxt_shuugaku01-1418201_1.pdf〉2020年2月14日閲覧。）

参考文献・URL

文部科学省「高等学校等就学支援金について」〈https://www.mext.go.jp/a_
　　　menu/shotou/mushouka/detail/__icsFiles/afieldfile/2014/01/24/
　　　1342886_012_1.pdf〉2020年2月14日閲覧。

文部科学省「2020年4月からの『私立高等学校授業料の実質無償化』リーフ
　　　レット」〈https://www.mext.go.jp/content/20200117-mxt_shuugaku 01-
　　　1418201_1.pdf〉2020年2月14日閲覧。

（小早川倫美）

Q 58 給付型奨学金について述べなさい

1. 高校生等奨学給付金とは

　さまざまな就学支援施策が講じられているが，ここでは高等学校授業料無償化と同様に高等学校等への就学支援施策である高校生等奨学給付金についてとりあげることとする。

　高校生等奨学給付金は，2014（平成26）年より開始された新しい事業であり，低所得層世帯への補助事業である。具体的には，都道府県が実施する高校生等奨学給付金事業を国庫負担として国が補助する形で行われている。給付要件は，生活保護受給世帯，住民税非課税世帯，保護者・親権者などが当該都道府県内に住所を有していること，高等学校等就学支援金の支給対象となっている高等学校等に在学した上で高等学校等就学支援金の受給資格を有していること，である。奨学給付金は，高等学校等就学支援金と同時に利用することが可能となっており，両方利用した場合には授業料ならびに授業料以外の教育費（教科書購入費，教材費，学用品費，通学用品費，修学旅行費，PTA会費等）が補助される仕組みである。奨学給付金の給付額は，表6-58-1の通りである。

2. 給付額

　給付は，世帯ならびに，国立・公立・私立の区分に応じて行われる。例えば全日制私立高等学校の場合，生活保護世帯では年額52,600円，住民税非課税世帯の第1子には年額98,500円，第2子以降には年額138,000円が給付される。奨学給付金は，導入初年度である2014（平成26）年度の利用者は約15万7千人であったが，翌年度の2015（平成27）年度は2倍近い約30万4千人が利用している（文部科学省，2019）。その後，2016（平成28）年度は約44万1千人，2017（平成29）年度は約43万6千人，2018（平成30）年度は約41万3千人となっており，利用者は減少するどころか奨学等給付金の需要は

表6-58-1　給付額一覧

対象	給付額
生活保護受給世帯【全日制等・通信制】	
国公立の高等学校等に在学する者年額	32,300円
私立の高等学校等に在学する者年額	52,600円
非課税世帯【全日制等】（第1子）	
国公立の高等学校等に在学する者年額	82,700円
私立の高等学校等に在学する者年額	98,500円
非課税世帯【全日制等】（第2子以降）	
国公立の高等学校等に在学する者年額	129,700円
私立の高等学校等に在学する者年額	138,000円
非課税世帯【通信制】	
国公立の高等学校等に在学する者年額	36,500円
私立の高等学校等に在学する者年額	38,100円

（出典：文部科学省ホームページ「高校生等奨学給付金　概要」を参照。〈https://www.mext.go.jp/component/a_menu/education/micro_detail/__icsFiles/afieldfile/2019/06/12/1348920_5.pdf〉2020年2月14日閲覧。）

伸びていると言える（文部科学省2019）。全国の多くの高校生等に普及し，利用することができていると捉えられる一方，奨学等給付金を利用しなければ高等学校等に在学することが難しい世帯が増加しつつあると推察することができる。

　表6-58-2は，2018（平成30）年度の子どもの学習費総額を示したものである。

　いずれの校種においても，学校教育費（授業料，修学旅行費，教材費，PTA会費等），学校外教育費（学習塾，家庭教師，習い事等）が存在しており，公立と私立の費用の差は明白である。特に，高等学校段階では私立のシェアが大きく，公立高等学校で要する学校教育費とは大きな差がみられる。2010（平成22）年度以降，高等学校等の授業料が無償となり，奨学給付金が開始される等，高等学校等への就学支援にかかわる諸施策が実施されているが，支給額や給付額のあり方やその範囲等については検証が必要である。我が国では，授業料以外の学校教育費を各家庭から支出ということが前

表6-58-2　学校種別　学習費総額

(円)

区分	幼稚園		小　学　校		中　学　校		高等学校（全日制）	
	公立	私立	公立	私立	公立	私立	公立	私立
学習費総額	223,647	527,916	321,281	1,598,691	488,397	1,406,433	457,380	969,911
公私比率	1	2.4	1	5.0	1	2.9	1	2.1
うち学校教育費	120,738	331,378	63,102	904,164	138,961	1,071,438	280,487	719,051
構成比（%）	54.0	62.8	19.6	56.6	28.5	76.2	61.3	74.1
公私比率	1	2.7	1	14.3	1	7.7	1	2.6
うち学校給食費	19,014	30,880	43,728	47,638	42,945	3,731	…	…
構成比（%）	8.5	5.8	13.6	3.0	8.8	0.3	…	…
公私比率	1	1.6	1	1.1	1	0.1	…	…
うち学校外活動費	83,895	165,658	214,451	646,889	306,491	331,264	176,893	250,860
構成比（%）	37.5	31.4	66.7	40.5	62.8	23.6	38.7	25.9
公私比率	1	2.0	1	3.0	1	1.1	1	1.4

（参考）公立・私立学校総数に占める私立学校の割合，及び公立・私立学校に通う全幼児・児童・生徒
　　数全体に占める私立学校に通う者の割合（平成30年度）
　　　幼稚園（学校数:64.2% 園児数:84.5%）　小学校（学校数:1.2% 児童数:1.2%）
　　　中学校（学校数:7.6% 生徒数:7.4%）　　高等学校（全日制）（学校数:30.5% 生徒数:33.0%）
　　　※高等学校（全日制）の生徒は，本科生に占める私立の割合である。
（資料）文部科学省「平成30年度学校基本統計（学校基本調査報告書）」
（出典：文部科学省（2019）「平成30年度子供の学習費調査の結果について」を参照。
　〈https://www.mext.go.jp/content/20191212-mxt_chousa01-000003123_01.pdf〉2020年2月14
　日閲覧。）

提となっている状況も見直さなければならないことであり，就学支援，無償
教育のあり方の検討は今後も不可欠であろう。

参考文献・URL

文部科学省「高校生等奨学給付金　概要」〈https://www.mext.go.jp/component/
　a_menu/education/micro_detail/icsFiles/afieldfile/2019/06/ 12/1348920_
　5.pdf〉2020年2月14日閲覧。
文部科学省（2019）「平成30年度子供の学習費調査の結果について」〈https:
　//www.mext.go.jp/content/20191212-mxt_chousa01-000003123_01.
　pdf〉2020年2月14日閲覧。

（小早川倫美）

第7章　社会教育・生涯学習

Q 59　生涯学習について述べなさい

1．生涯学習とは

　生涯学習とは，人々が自発的意志に基づいて，「自己の充実」，「生活の向上」，「職業能力の向上」のために，自ら学ぶ内容を選び取り，充実した人生を送ることを目指して生涯にわたって行う学習をいう。教育基本法第3条（生涯学習の理念）では，「国民一人一人が，自己の人格を磨き，豊かな人生を送ることができるよう，その生涯にわたって，あらゆる機会に，あらゆる場所において学習することができ，その成果を適切に生かすことのできる社会の実現が図られなければならない。」と規定されている。

（1）生涯学習という考え方の登場

　生涯学習という言葉は，1965年にユネスコ本部がパリで開催した「成人教育推進国際委員会」において，ポール・ラングランによって提唱された言葉に端を発している。ラングランの用いた言葉は，恒久教育や永久教育と訳されるものであった。概念の普及によって英訳が「lifelong education」に定着し，日本でもその和訳である生涯学習が定着していくこととなった。ラングランが生涯学習という考え方を提唱するまで，教育という言葉の指す範囲は，学校教育であった。ラングランの提唱した生涯学習は，その枠を越える新しい教育の考え方として広まることになった。

（2）生涯学習という概念の広がり

　生涯学習が広まっていった理由は，経済社会の成熟化と急速な社会状況の変化に求められる。

　具体的に見てみると，1つ目は，長寿社会になったということが挙げられよう。約半世紀の間に平均寿命が約30歳近く延び，近年では，人生100年時代と言われるようになった。終戦後間もない頃は，結婚して子育てをして子どもが独り立ちする頃に一生を終えるという状態であった。約半世紀の間に平均寿命が伸びたために，50歳や60歳で子育てを終え，その後に数十年を

生きることになる。現代では，第2の人生を考える必要が出てきたのである。第2の人生を謳歌し，豊かな人生を送るために「学ぶ」ことが重要とされ，生涯学習が受け入れられることとなった。

　さらに，自由時間の増大などの社会の成熟化に伴い，心の豊かさや生きがいのための学習需要が増大している。これらの学習需要にこたえるための生涯学習の基盤を整備することが，学習者の自己実現のみならず，地域社会の活性化，高齢者の社会参加・青少年の健全育成など，社会全体にとっても有意義であると考えられるようになった。学校教育外の「学習の成果」が評価されるようになると，学歴社会の弊害の是正にもつながると期待されている。

　2つ目は，著しく変化する情報技術への対応ということが挙げられよう。第5期科学技術基本計画にてSociety5.0という言葉が我が国の目指すべき未来社会の姿として初めて提唱された。Society5.0が実現されると，IoT（Internet of Things）で全ての人とモノがつながり，様々な知識や情報が共有され，今までにない新たな価値を生み出されることで，これらの課題や困難が克服されると期待される。また，人工知能（AI）により，必要な情報が必要な時に提供されるようになり，ロボットや自動走行車などの技術で，少子高齢化，地方の過疎化，貧富の格差などの課題も克服されると期待される。だが，情報通信技術を用いることができない人は，ハンディキャップを背負うことになる。情報技術の進歩についていくために学習し続けることが求められるのである。また，このような情報技術の革新は，地理的な条件格差を減らすとともに，日本国内だけではなく，国境を越えたやりとりを容易にさせる。つまり，国際競争の激化を生み，競争に勝つためには，新しい技術への対応だけでなく，新たな知識・技能の創造をも求めてくるのである。そのような時代を生きていくために「学び」が必要不可欠なものと考えられるようになった。

（3）生涯学習の影響

　生涯学習は，学校教育の捉え方の変化をもたらし，ひいては，社会における教育に対する考え方にも影響を及ぼすことになる。具体的には，学校教育のみを教育と呼ぶのではないことが理解され，学校教育は人生の初期教育と

して位置付けられるようになった。そのように捉えられることで，教育のイメージは「教えられる」から「学ぶ」へと転換される。社会における研修や啓発活動，お稽古事が，「学び」の範疇に含まれるようになり，文部科学省以外の省庁や企業，団体などでも生涯学習という言葉が用いられるようになった。近年は，「まちづくり」をテーマとして，地域の魅力を高めるために地域の歴史や伝統，文化を継承していく活動が広く行われるようになっている。そのような活動を学びとして地域の歴史や伝統，文化を教養として持つことが「まちづくり」には不可欠であるとされる。

2．生涯学習の課題

　1.の（2）で触れた生涯学習の概念が受容されるようになった背景にある通り，課題は社会状況の変化への対応に見られる。

（1）少子高齢化・情報化・国際化

①少子高齢化

厚生労働省の公表する人口動態統計によれば，2018年の合計特殊出生率は，1.42であった。3年連続での低下となった。出生率の低下は，少子化と高齢化の進行だけを意味しているのではなく，社会の変化を意味している。

　出生率の低下は，晩婚化や結婚しない人が増えている影響が大きいとされ，その要因として，経済的な事情，高学歴化，女性の社会進出，都市部への人の流入などが挙げられる。若い人々の都市部での生活の基盤が確立されると，都市部で生活することに経済的に精一杯な人，結婚する必要がなく自由に生活したい人などが出てくるからである。もし結婚した場合は，故郷から離れた場所で暮らすこととなり，核家族となることが多くなるだろう。それはつまり，子育てのあり方にも変化をもたらすことを意味しているのである。

　愛知県豊田市では2018年に，三つ子を育児中の母親が次男を床に叩きつけて死なせてしまう事件が起きた。市の外部検証委員会は，「多胎」育児をする家庭への支援態勢が不足していると報告する事案であった。子育ての変化に対応するために，子育てに関する学習の機会や支援，その仕組み作りが今後はより必要となるだろう。

　一方で，高齢化の進行に伴い，医療や介護の問題，高齢者の引きこもり，孤独死などが起こっている。高齢者自身の学習，地域コミュニティの拡充，高齢者を理解するための学習，高齢化社会への理解などが必要であろう。

②情報化

　2020年に新型コロナウイルス感染症（COVID-19）が猛威をふるい，世界的に混乱した状態となった。日本では，強制的な措置を取ることができない中で，人々に外出自粛を求め，外出せずに在宅で業務を行うリモートワークが推奨された。学校も休校となるところが多く，休校期間中の学力低下を懸念する親が多くいるという報道も見られた。学力低下を防ぐために動画講義や課題を課す学校も見られた。リモートワークや学校の動画講義などを行うための情報通信機器の環境整備や，その活用が問題となった。どのようにその環境を整えていくのか，効率的な方法やその効果はどのように検証することができるのか，信頼性や安全性をいかに担保するのかなど，課題が多く残されていると言えよう。

③国際化

　情報技術の革新に伴い，地理的な条件を飛び越えたやりとりが可能となってきた。前述した通り，国際競争の激化が起こると予想される。一方で，国境を越えたやりとりができるということは，各国の文化や言語にも影響が及ぶことを意味する。やりとりをスムーズに進めるために，ある言語を共通の言語として用いることになれば，その言語圏の文化が自ずと流れ込むことになるし，日本の文化と他国の文化が異なることで齟齬も生まれるであろう。特定の言語を共通の言語とすることに対する言語帝国主義という言葉での批判があるが，国際化の流れに対応するためには，日本語以外の言語を習得することが求められるし，スムーズにコミュニケーションを取るために他国の文化を知る必要が出てくるだろう。その際には，日本の文化への更なる理解も求められる。さらに，外国人技能実習制度の問題点や外国人児童生徒の不就学などが指摘されているように，日本に住む外国籍の人々に対する教育やその人々の生活を守るための教育も求められるし，そのための環境整備，外国籍の人々に対する理解も必要となるだろう。

（2）階層分化

　1970年代，当時の日本の総人口数にかけて，日本社会は一億総中流社会という言葉で表現され，バブルが崩壊する頃までは，資産を持つことができる中流階級であると認識する人々が多数を占めていた。バブル崩壊後，「フリーター」や「ニート」の増加，派遣社員の契約打ち切り（派遣切り）や雇い止めによる収入と住まいを同時に失う人々が出てくるなど度々社会問題化してきた。新型コロナウイルス感染症によって経済活動が停滞する中，企業の倒産だけでなく，派遣社員など立場の弱い者に対する契約打ち切りや内定取り消しなども起こっている。今後も格差の拡大が広がっていくかもしれない。

　格差が拡大し，貧困層と富裕層の差が顕著になってくると，学力の面からも格差が目に見えるようになる。学力格差は，子どもの持っている資質のみに起因しているのではなく，背景にある家庭の状況などもその要因となる。経済資本・文化資本が学校での成功に大きく影響を与えるとされ，学校教育だけにとどまらず，高等教育の学費の負担や親のコネなどにも差が生まれる。その結果，貧困層は拡大再生産されてしまう。生涯学習は，そのような社会的背景を考慮に入れ，そのあり方を考えなければならない。そのために，生涯を通しての学習要求と自己実現の機会の保障の両立を目指す必要がある。

参考文献

文部科学省（2018）「第三期教育振興基本計画」。

香川正弘他編（2008）『やわらかアカデミズム・＜わかる＞シリーズ　よくわかる生涯学習』ミネルヴァ書房。

神山敬章・高島秀樹編（2009）『生涯学習概論』明星大学出版部。

ラングラン・P.（1971）（波多野完治訳）『生涯学習入門』全日本社会教育連合会。

超高齢社会における生涯学習の在り方に関する検討会（2012）「長寿社会における生涯学習の在り方について―人生100年いくつになっても学ぶ幸せ『幸齢社会』―」。

（大西圭介）

Q60　社会教育法について述べなさい

1．戦後教育改革における社会教育法

　戦後，日本国憲法は国民主権，平和主義，そして基本的人権の尊重を掲げ，その一環として「国民の教育を受ける権利」（第26条）を明示した。その基で教育基本法（1947年）は第7条で「国及び地方公共団体は，図書館，博物館，公民館等の施設の設置，学校の施設の利用その他適当な方法によって教育の目的の実現に努めなければならない」とした。この1947年教育基本法と接続性を持つ形で1949年に社会教育法が公布された。この中で，博物館については博物館法（1951年）で，図書館については図書館法（1950年）で詳しく定められており，これらは戦後の社会教育法制の礎となる社会教育関連法規と捉えることができる。

　これら社会教育法をはじめとする社会教育関連法規は，以下の点で社会教育が戦前と戦後でその主体が変わっていることを示している。第一に，社会教育の主体が政府でなく国民にあることを示している点，第二に国民に社会教育を行う自由が認められた点である。戦時中の日本の教育は国家の利害を最優先とし，その中で社会教育は，軍国主義・国家主義的イデオロギーの国民教化網としての「教化団体」の組織化を担う側面を持ち合わせていた。一方で，戦後教育改革の下公布された社会教育法は，社会教育を教育基本法の理念を実現するための「学校の教育課程として行われる教育活動を除き，主として青少年及び成人に対して行われる組織的な教育」（第2条）とし，国及び地方公共団体に「社会教育の奨励に必要な施設の設置及び運営，集会の開催，資料の作製，頒布その他の方法により，すべての国民があらゆる機会，あらゆる場所を利用して，自ら実際生活に即する文化的教養を高め得るような環境を醸成するように努め」（1949年社会教育法第3条）ることを求めた。この条文からも見られるように，社会教育法は，戦前の反省から国民の自由な社会教育活動への権力的な介入を招かないように，国及び地方公共

団体の行政の作用の範囲を限定づけることに一定の役割を果たしたと言える。更に，教育委員会において社会教育行政を掌握する社会教育主事の任務が現行の社会教育法第9条の3で「社会教育主事は，社会教育を行う者に専門的技術的な助言と指導を与える。<u>ただし，命令及び監督をしてはならない</u>。」（下線部筆者）とされていることも，社会教育法の「助長的性格」を表していると言えよう。

2．重要条文

社会教育法は，第1章「総則」，第2章「社会教育主事等」，第3章「社会教育関係団体」，第4章「社会教育委員」，第5章「公民館」，第6章「学校施設の利用」，第7章「通信教育」，これに附則が追加される形で成り立っている。本節では，社会教育法の目的，社会教育の定義，国及び地方公共団体が社会教育の振興のために果たすべき任務を見るために，条文第1条から第3条について詳説したい。

（この法律の目的）
〈社会教育法　第1条〉

> この法律は，教育基本法（平成18年法律第120号）の精神に則り，社会教育に関する国及び地方公共団体の任務を明らかにすることを目的とする。

教育基本法は第12条で次のように規定している。

> （社会教育）
> 第12条　個人の要望や社会の要請にこたえ，社会において行われる教育は，国及び地方公共団体によって奨励されなければならない。
> 2　国及び地方公共団体は，図書館，博物館，公民館その他の社会教育施設の設置，学校の施設の利用，学習の機会及び情報の提供その他の適当な方法によって社会教育の振興に努めなければならない。

教育基本法の趣旨を受けて社会教育法は国及び地方公共団体がその任務として行う社会教育の奨励の内容と仕方を具体的に明らかにすることを目的としている。それと同時に国や地方公共団体が社会教育を奨励する場合の内容

を規定し，行政の限界を明らかにしている。

（社会教育の定義）
〈社会教育法　第2条〉

> この法律において「社会教育」とは，学校教育法（昭和22年法律第26号）又は就学前の子どもに関する教育，保育等の総合的な提供の推進に関する法律（平成18年法律第77号）に基づき，学校の教育課程として行われる教育活動を除き，主として青少年及び成人に対して行われる組織的な教育活動（体育及びレクリエーションの活動を含む。）をいう。

第1条の法律の目的から明らかなように，本条は社会教育を定義するというよりは，社会教育活動に国や地方公共団体が行政としてかかわる限度において，以下のようにその内容，範囲を明らかにした条文と言える。

1　学校の教育課程として行われる教育活動以外
2　主として青少年及び成人に対して行われる
3　日常生活の中で行われる，ある程度組織的な教育活動
4　体育及びレクリエーションの活動を含む

学校の教育課程以外で行われる教育活動であるので，当然ながら学校の授業，行事は含まれない（放課後子ども教室は学校教育課程外の社会教育活動である）。また，社会教育は就学の義務や選抜等で一定の制約が加えられる学校教育と違い，学習者の自主性が尊重されなければならない教育活動である。一方で，組織的な教育活動である点においては学校教育と違わない。自主性を尊重しつつ行われる学習機会（講座等）は国や地方公共団体が年間計画を立てて予算計上，職員配置を行い，目的をもって組織的に運営されている。

また本条は「主として青少年及び成人に対して行われる」と，社会教育の対象となる人についても言及する。ただし，社会教育法では対象年齢は明記されていない。高齢化社会が急速に進展していること，子どもを巡る問題が深刻化していることを考えれば，乳幼児や高齢者も含むすべての国民が社会教育の対象に含まれると言えよう。

（国及び地方公共団体の責務）

〈社会教育法　第3条〉

> 国及び地方公共団体は，この法律及び他の法令の定めるところにより，社会教育の奨励に必要な施設の設置及び運営，集会の開催，資料の作製，頒布その他の方法により，すべての国民があらゆる機会，あらゆる場所を利用して，自ら実際生活に即する文化的教養を高め得るような環境を醸成するように努めなければならない。
>
> 2　国及び地方公共団体は，前項の任務を行うに当たつては，国民の学習に対する多様な需要を踏まえ，これに適切に対応するために必要な学習の機会の提供及びその奨励を行うことにより，生涯学習の振興に寄与することとなるよう努めるものとする。
>
> 3　国及び地方公共団体は，第一項の任務を行うに当たつては，社会教育が学校教育及び家庭教育との密接な関連性を有することにかんがみ，学校教育との連携の確保に努め，及び家庭教育の向上に資することとなるよう必要な配慮をするとともに，学校，家庭及び地域住民その他の関係者相互間の連携及び協力の促進に資することとなるよう努めるものとする。

　第1項は，社会教育についての国及び地方公共団体の任務を包括的に示した，この法律の眼目ともいうべき項とされる。社会教育の目的があらゆる場所，機会で実現されるためには国民自らが実際生活に即する文化的教養を高められるような環境の醸成が国や地方公共団体によって行われなければならない。この規定の下，第4条では国に対して「地方公共団体に対し，予算の範囲内において，財政的援助並びに物資の提供及びそのあつせんを行う」ことが求められている。また，市町村教育委員会に対しては，第5条で予算の範囲内において各種事務を行うことが求められている。国，市町村が努力すべき環境の醸成の主要な方法としては，公民館や博物館，図書館等の社会教育関連施設の設置が想定されている。それらの施設は住民自治・参加の原則によって運営されるものである。

　第2項は，第1項の任務を遂行するにあたって必要な配慮に関する規定である（第3項も同様である）。改正教育基本法の第三条に「生涯学習の理念」が規定されたことを踏まえて追加された条文であり，国及び地方公共団体が学習機会の支援を通じて生涯学習の振興に寄与することとなるよう努めるこ

とが規定されている。

　第3項は，2001年の社会教育法改正で追加された項目であるが，改正教育基本法第13条において新たに学校，家庭及び地域住民等の相互の連携協力が規定されたことを踏まえ，2008年の改正において新たにその旨の規定の充実が図られたものである。

　ここまで，社会教育法の目的，社会教育の定義，国及び地方公共団体が社会教育の振興のために果たすべき任務についてみてきた。これに併せて第4条，第5条ではそれぞれ，国の役割が限定的であり且つ市町村の積極的な役割が規定されている。紙幅の関係上その全てについて言及しないが，このことは社会教育が住民の生活と地域の現実に基づく学習活動を基本に据えることを示しており，社会教育の「市町村主義」が強く表れた法律となっている，と言える。

参考文献

井内慶次郎・山本恒夫・浅井経子（2008）『改訂　社会教育法解説』財団法人全日本社会教育連合会。

大串隆吉（2008）『社会教育入門』有信堂高文社。

高見茂・開沼太郎・宮村裕子（2018）『教育法規スタートアップ・ネクスト』昭和堂。

徳永保編著（2014）『教育法規の基礎理解—この一冊で教育法規の学び方がわかる—』協同出版。

長澤成次編（2010）『教師教育テキストシリーズ　社会教育』学文社。

浪本勝年編（2014）『教師教育テキストシリーズ　教育の法と制度』学文社。

古川治・今西幸蔵・五百住満編著（2018）『教師のための教育法規・教育行政入門』ミネルヴァ書房。

（寝占真翔）

Q 61　公民館・図書館・博物館について述べなさい

1．公民館・図書館・博物館の概要

（1）公民館

　公民館は，「市町村その他一定区域内の住民のために，実際生活に即する教育，学術及び文化に関する各種の事業を行い，もつて住民の教養の向上，健康の増進，情操の純化を図り，生活文化の振興，社会福祉の増進に寄与すること」（社会教育法第20条，以下「社教法」）を目的とした社会教育施設である。その設置者は市町村と法人（社団・財団法人）に限られており（社教法第21条），国や都道府県は設置することが認められていない。

　公民館の事業としては，定期講座の開設に加え，討論会，講習会，講演会，実習会，展示会等の開催や，体育，レクリエーション等に関する集会の開催，図書，記録，模型，資料等を備え，その利用を図ることなどがある（社教法第22条）。公民館類似施設と呼ばれる「自治公民館」と呼ばれる集会施設もある。公民館の職員としては，館長を置き，主事その他必要な職員を置くことができる（社教法第27条）。

（2）図書館

　図書館は，「図書，記録その他必要な資料を収集し，整理し，保存して，一般公衆の利用に供し，その教養，調査研究，レクリエーション等に資すること」を目的とする社会教育施設であり，地方公共団体の設置する公立図書館と，法人等の設置する私立図書館に分類される（図書館法第2条）。

　図書館の役割は，図書の閲覧・貸出サービスのほか，「読書会，研究会，鑑賞会，映写会，資料展示会等を主催し，及びこれらの開催を奨励すること」（図書館法第3条）など地域住民を対象にしたサービスが奨励されている。図書館には専門的事務に従事する司書や司書補がいる（図書館法第4条）。

（3）博物館

　博物館とは，「歴史，芸術，民俗，産業，自然科学等に関する資料を収集し，保管し，展示して教育的配慮の下に一般公衆の利用に供し，その教養，

調査研究，レクリエーション等に資するために必要な事業を行い，あわせて
これらの資料に関する調査研究をすること」（博物館法第2条）を目的とし
た社会教育施設である。設置者は，地方公共団体の設置する公立博物館と，
法人等の設置する私立博物館に分類される。

　博物館の役割は，実物，標本，模写，模型，文献，図表，写真，フィル
ム，レコード等の博物館資料を収集・保管・展示することに加え，博物館資料
に関する調査研究を行うことや，講演会等を開催することなどである（博物
館法第3条）。博物館には館長を置き，専門的職員として学芸員が置かれる
（博物館法第4条）。

2. 公民館・図書館・博物館の現状と課題

（1）公民館・図書館・博物館の現状

　2018（平成30）年度社会教育調査（中間報告）によれば，2018年10月時
点の全国の公民館数（類似施設含む）は13,993施設，図書館数（同種施設含
む）は3,360施設，博物館数は1,287施設（博物館類似施設数は4,457施設）
である。公民館数は1999（平成11）年度をピークに減少傾向が続いている。
一方で，図書館・博物館は年々増加し，過去最高となっている。

　これらの施設の職員数を見ると，公民館（類似施設含む）が45,572人，図
書館（類似施設含む）が41,338人，博物館が20,463人（博物館類似施設は
30,497人）である。公民館の職員数は前回調査時に比べ，大きく減少してい
るが，これは公民館数自体の減少が関係していると考えられる。また，専
任・兼任・非常勤別職員数で見た場合，専任の職員の割合は，公民館16.6%，
図書館26.5%，博物館46.0%，博物館類似施設24.8%であり，特に公民館で
は兼任・非常勤職員に大きく依存していると言える。

　これらの施設の利用者数では，2017（平成29）年度間の公民館利用者数
は183,542人であり，2007（平成19）年度間の236,617人をピークに近年は
減少傾向にある。図書館の利用者数（図書の帯出者数）は177,899人であり，
2010（平成22）年度間の187,562人が最も多く，近年は横ばい状態である。
博物館の利用者数（入館者数）は142,418人であり，過去最高となっている。

（2）指定管理者制度導入による影響とその課題

　2003年の地方自治法改正により，公立の施設の管理運営を当該地方公共団体が指定する法人その他の団体に委譲することが可能になった「指定管理者制度」が導入されている（地方自治法第244条の2第3項）。指定管理者制度の導入により，民間事業者等が有するノウハウを活用することで住民サービスの質の向上を図ることを目指している。

　公立の公民館・図書館・博物館のうち，指定管理者制度を導入している施設数を見ると，公民館（類似施設含む）は1,379施設であり，公立の公民館数（13,987施設）の9.9％を占めている。図書館（類似施設含む）は631施設であり，公立の図書館数（3,338施設）の18.9％を占めている。博物館は204施設であり，公立の博物館（786施設）の26.0％，博物館類似施設は1,105施設であり，公立の博物館類似施設（3,546施設）の31.2％を占めている。どの施設も前回の2015（平成27）年度調査時よりも，その割合は増加しており，指定管理者制度が大きな影響力を持ちつつあることがわかる。

　指定者管理制度の導入は，地方公共団体にとって経費削減や利用者サービスの向上などにつながるというメリットが期待されているが，一方で，公共性や公益性という点から課題もある。例えば，指定期間終了後の事業の継続性をどのように確保するのかという点である。事業者が変更になれば，従来行われてきたサービスを提供できなくなる可能性がある。指定者管理制度を導入するにしても，地方公共団体が積極的に関与し，公共サービスの質を維持する必要があるだろう。

参考文献・URL

藤村祐子（2018）「社会教育行政の現状と課題」古賀一博編著『教師教育講座　第5巻　教育行財政・学校経営　改訂版』協同出版。

文部科学省〈https://www.mext.go.jp〉2020年2月20日閲覧。

佐藤聡子・佐藤翔（2019）「公立図書館への指定管理者制度導入時・導入後の運営に地方公共団体関係者の認識が与える影響」『同志社図書館情報学』第29号，61-86頁。　　　　　　　　　　　　（藤本　駿）

Ｑ 62　社会教育の指導者について述べなさい

1．社会教育の指導者の概要

（1）社会教育施設における社会教育の指導者

社会教育施設に従事する社会教育の指導者として，公民館主事，図書館司書，博物館学芸員などの専門的職員が該当する。公民館主事は，地方公共団体の判断で設置することができるものの，法律上の設置義務はない。職務に関しては「主事は，館長の命を受け，公民館の事業の実施にあたる」（社会教育法第27条，以下「社教法」）とあり，公民館による主催事業の運営や利用者に対する支援等が考えられるが，その具体的な職務内容や資格要件などは法律上で明確に規定されていない。

図書館司書と博物館学芸員は，それぞれ図書館法，博物館法で設置義務や資格要件が規定されている。図書館司書は「図書館の専門的事務に従事」（図書館法第4条）し，図書の閲覧・貸出サービス，レファレンスサービス等の専門性を有する業務を行う。図書館司書資格を取得するためには，大学または高等専門学校卒業者のうち，大学が行う司書講習を修了することなどが必要である（図書館法第5条）。

博物館学芸員は，博物館資料の収集・保管・展示や，調査研究など専門的な業務を担う。学芸員資格を取得するためには，学士の学位を有する者で，大学において文部科学省で定める博物館に関する科目の単位を修得することなどが必要である（博物館法第5条）。

（2）教育委員会における社会教育の指導者

都道府県・政令指定都市，市町村教育委員会に配置される社会教育の指導者として，社会教育主事や社会教育委員等が該当する。社会教育主事は，教育委員会事務局で勤務する正規の行政職員である。また，社会教育主事の職務を補助する社会教育主事補も配置されることがある。社会教育主事の役割は，「社会教育を行う者に専門的技術的な助言と指導を与える。ただし，命

令及び監督をしてはならない」ことや，「学校が社会教育関係団体，地域住民その他の関係者の協力を得て教育活動を行う場合には，その求めに応じて，必要な助言を行う」ことである（社教法第9条の3）。社会教育主事の資格を取得するためには，大学で一定の単位数の修得かつ3年以上の実務等の経験などに加え，大学等で開講される社会教育主事講習を修了しなければならない（社教法第9条の4）。

　社会教育委員は，都道府県・政令指定都市，市町村教育委員会に設置されている社会教育に関する諮問機関である。職務としては，社会教育の諸計画の立案，教育委員会の諮問に対して意見を述べること，これらの職務を行うために必要な研究調査を行うことである（社教法第17条）。

2．社会教育の指導者の現状と課題

（1）社会教育の指導者の現状

　まず，社会教育施設で従事する社会教育の指導者の現状を見ていく。2018（平成30）年度社会教育調査（中間報告）によれば，公民館主事数は12,306人であるが，近年は減少傾向が続いている。一方，図書館司書数は20,132人，博物館学芸員数は5,035人であり，過去最高となっている。これらの背景として，公民館数は年々減少しているものの，図書館・博物館数は増加傾向にあることが考えられる。

　次に，教育委員会に配置される社会教育の指導者として，社会教育調査で対象とされている社会教育主事の現状を見ていく。社会教育主事数は1999（平成11）年度の調査までは6,000人を超えていたが，その後は年々減少しており，2018年度は1,679人である。その理由としては，2000年以降の市町村の合併の進行や社会教育費の減少など様々な要因が関係していると考えられる。

（2）社会教育の指導者の課題

　社会教育の指導者にかかわる課題として，次の2点を指摘したい。1点目は，社会教育の指導者の研修機会の減少である。社会教育の指導者においては，社会教育施設で従事する場合や教育委員会に設置される場合のどちらで

も，社会教育に関する高い専門性を有することが求められる。しかしながら，2015（平成27）年度の社会教育調査における指導者研修の実施状況を見ると，施設職員（公民館主事等）及び行政職員（社会教育主事等）を対象にした研修の実施件数は，1999（平成11）年度の調査と比べると半数以下まで減少しており，参加者数も年々減少している。生涯学習社会が進展し，社会教育の指導者に対して新たな役割が求められる中で，社会教育の指導者自らが積極的に専門性を高める機会を確保していく必要があると言える。

　2点目は，教育委員会と指導者間における職務内容に関する認識の差である。文部科学省が2010（平成22）年度に実施した「社会教育指導者の職務に関する調査研究報告書」によれば，教育委員会と指導者の間で重要な職務に関する認識の違いが見られる。例えば，社会教育主事の職務として，教育委員会は「地域の社会教育計画立案」を最も重視しているが，社会教育主事自身の認識はそれほど高くはない。社会教育主事は「地域の学習課題やニーズ把握」や「学校教育と社会教育との連携」をより重視する傾向がある。また，公民館主事の職務については，公民館主事は「社会教育施設の運営」を今後も重視しているのに対し，教育委員会では，今後は「学習計画・内容の立案・編成」や「地域の教育資源や人材把握」を重視する傾向が見られる。

　このような認識の違いは，社会状況の変化等による地域住民のニーズの多様化が関係していると考えられるが，教育委員会と指導者双方が地域住民のニーズを十分に把握した上で，地域の実態に沿った社会教育事業を展開していく必要があるだろう。

参考文献・URL

遠藤和士（2003）「社会教育における『職員の専門性』概念に関する予備的考察」『大阪大学教育学年報』第8巻，39-50頁。

神部純一（2018）「地域の場からの学習」関口礼子他『新しい時代の生涯学習 第3版』有斐閣アルマ。

松原勝敏（2017）「社会教育行政」河野和清編著『現代教育の制度と行政 改訂版』福村出版。

文部科学省〈https://www.mext.go.jp〉2020年2月20日閲覧。　　　（藤本　駿）

編著者・執筆者一覧

[編著者]

藤井穂高　筑波大学人間系教授，博士（教育学）。

　著書：（編著）『教育の法と制度』（ミネルヴァ書房，2018年），（編集）『教頭の仕事術（教職研修総合特集）』（教育開発研究所，2012年）。

滝沢　潤　広島大学大学院准教授，博士（教育学）。

　著書：（共著）『教師教育講座　第5巻　教育行財政・学校経営』（改訂版）（協同出版，2018年），（共著）『新しい時代の教育制度と経営』（ミネルヴァ書房，2009年）。

[執筆者]（50音順）

　石嶺ちづる　（高知大学助教）

　市田敏之　　（皇學館大学准教授）

　大西圭介　　（帝京科学大学教職特命講師）

　川口有美子　（公立鳥取環境大学准教授）

　黒木貴人　　（広島文化学園大学准教授）

　小早川倫美　（島根大学講師）

　佐藤　仁　　（福岡大学教授）

　佐藤博志　　（筑波大学教授）

　澤田裕之　　（中部大学准教授）

　住岡敏弘　　（大分大学教授）

　関内偉一郎　（東邦大学非常勤講師）

　中村　裕　　（聖徳大学短期大学部准教授）

　寝占真翔　　（帝京科学大学教職特命講師）

　福野裕美　　（岡山学院大学准教授）

　藤村祐子　　（滋賀大学准教授）

　藤本　駿　　（高松大学講師）

　牧瀬翔麻　　（島根県立大学助教）

　吉田香奈　　（広島大学准教授）

新・教職課程演習　第4巻

教育法規・教育制度・教育経営

令和3年3月31日　第1刷発行

編著者　藤井穂高 ©
　　　　滝沢　潤 ©
発行者　小貫輝雄
発行所　協同出版株式会社
　　　　〒101-0054　東京都千代田区神田錦町 2-5
　　　　　　　電話　03-3295-1341（営業）　03-3295-6291（編集）
　　　　　　　振替 00190-4-94061
印刷所　協同出版・POD工場

ISBN978-4-319-00345-7

新・教職課程演習

広島大学監事 野上智行 編集顧問
筑波大学人間系教授 清水美憲／広島大学大学院教授 小山正孝 監修
筑波大学人間系教授 浜田博文・井田仁康／広島大学名誉教授 深澤広明・広島大学大学院教授 棚橋健治 副監修

全22巻　A5判

協同出版